美宿

新经济 I

李辉　编

全球文旅住宿大产业博览会组委会　策划

華中科技大學出版社
http://www.hustp.com
中国·武汉

图书在版编目（C I P）数据

美宿·新经济. Ⅰ / 李辉编. -- 武汉：华中科技大学出版社，2020.11

ISBN 978-7-5680-6673-0

Ⅰ. ①美… Ⅱ. ①李… Ⅲ. ①文化产业-产业发展-研究②旅游业发展-研究 Ⅳ. ① G114 ② F590.3

中国版本图书馆 CIP 数据核字 (2020) 第 188983 号

美宿·新经济 Ⅰ
Meisu · Xin Jingji Ⅰ

李辉 编

策划编辑：彭霞霞
责任编辑：陈 骏 彭霞霞
装帧设计：金 金
责任校对：周怡露
责任监印：朱 玢
出版发行：华中科技大学出版社（中国·武汉）　电话：（027）81321913
武汉市东湖新技术开发区华工科技园　邮编：430223
印　　刷：武汉精一佳印刷有限公司
录　　排：天津清格印象文化传播有限公司
开　　本：710mmx1000mm 1/16
印　　张：13.25
字　　数：230 千字
版　　次：2020 年 11 月第 1 版第 1 次印刷
定　　价：69.80 元

马偌杰（Manoj Mehta）｜裸心集团 首席执行官

白玛多吉｜松赞集团 创始人、董事长

陈宫平｜几何 & 太目 创始人、CEO

邓亮｜半边山下 创始人

杜天煜｜青城坐忘森林酒店 创始人

杜永平｜慧心谷 联合创始人、总经理

吉晓祥｜大乐之野 CEO

贾超｜有戏电影酒店 董事长、CEO

赖国平｜行李旅宿 创始人、CEO

李超骏｜过云山居 创始人

刘溯｜华侨城度假酒店管理有限公司 董事长

罗丁｜隐庐精品酒店 创始人

钱继良｜西坡集团 创始人、董事长

吴志祥｜同程集团 创始人、董事长

夏雨清｜借宿 创始人

小鹏｜背包十年 创始人

杨国亮｜莫干山国际旅游度假区发展有限公司 董事长

叶泰山｜雷迪森旅业集团 总裁

张斌｜上海隐居集团 总裁

张强｜旅悦集团 CEO

时间的过客

《牡丹亭·拾画》开头有一句“惊春谁似我，客途中都不问其他”。这句词，我从十二三岁唱到四十多岁，在可见的余生，我依旧会是个过客，捡拾着时间的流淌，迎向无法遏止地扑面而来的未来。

十一年前，我以一个归乡者的身份走进了朱家角课植园，亭台屋宇虽已百年，却不显腐朽，草木花丛历经寒暑依然繁盛。百年前的他乡人马文卿兴建了这所花园，辞世后留下了这座院子，留下了明清著名书画家碑刻 15 块，有明代文人文徵明《游西山寺》12 首，祝枝山的《梅花诗》，唐寅的手札等。最吸引我的是打唱楼、水月榭和一汪池水。这位曾在商海沉浮几十年、后捐官而得的道台大人，他在异乡寻求什么样的归宿？怎样的晚景？据说，马先生晚年看戏已经看不动了，他开放戏台，让街坊四邻、扶老携幼地来看，而他坐在灯火的深处，要看的正是这样一出热闹生动的人间戏剧。这些人情构成了这座院子的与众不同，他的野心和他的孤独在一起，他的梦想和他的不安在一起，他的热情和他的谦卑在一起。

筹备一年之后，2010 年夏初，实景园林昆曲《牡丹亭》正式诞生于课植园，重新开启了这座院子“人间戏剧”新的纪年。我在其中践行着课业与耕植的并行，一边让镜框式舞台里的柳梦梅和杜丽娘相逢在真正的花园内、旖旎于大梅树下湖山石边，一边开渠引水、铺路清障，复苏沉寂了几十年的宅院；我们要与院子里的“原住民”蚊虫争地盘，也要与雷电风雨不服输地较劲，苦乐自知。我在其中想象着、找寻着六百年前鼎盛时期的昆曲之于园林的模样，那些文人士大夫的风骨，那些前人的馈赠，那些比肩欧洲戏剧的灵魂。

这一找，就是 10 年，3650 天。每一季的夕阳西沉相似又有着微不可见的差异，归巢夜啼的鸟雀必然繁衍更替了许多代，然而，铁打的营盘流水的兵，栈桥可以整修，线路可以换新，250 场的柳梦梅一次次单膝跪在池畔，仰天唤回“姐姐”身披鲜红嫁衣复生。我们迎来送往了数万人次的观众，他们或在上海比邻，或从遥远的他城赶来，有慕名而专程的，也有只是途经被海报吸引多看了一眼的，许多人从此认识了昆曲，更多人从此爱上了昆曲。汤显祖笔下的东方浪漫主义活在了当下，朱家角课植园作为城市文化名片活在了今天，实景园林昆曲从我开始接续着三代昆曲人，让更多代人可以活在未来。

我常想，是什么让昆曲的魅力千年流觞？除了自历史深处散发的醇香、厚重汉乐文化久经磨砺依旧声籁绵长之外，更有许多与我一样，站在园林中央，仰望先贤，将昆曲文化传承和发扬视作自身宿命的人的坚守和播撒。这样的情感一如各个行业里，有信仰、有忠义、有魄力的人们几十年如一日地耕耘、思考与践行！所以，无论是魏良辅、马文卿、课植园中用昆腔与古今对话的我，抑或是文旅行业中的各位，我们都深切地明白自己从哪里来，想要去到哪里。每个人都是时间的过客，我们此刻的存在，即明日之回忆。《美宿·新经济 I》让我感动于大家超然商业之外的对于信念的秉承。而信念是浸润在骨子里的东西，它在“原来姹紫嫣红开遍”中咏唱，也在各位风骨子立的文字中流淌。正是这样的咏唱和流淌，将时光点燃，将沿途照亮！

张 军

著名昆曲艺术家、联合国教科文组织和平艺术家、国家一级演员

2020 年 9 月

世界是漫游者的约会

为什么要上路呢？亿万年前，我们洞穴里的那些祖先，是哪一个最初离开了他（她）的族群，独自走向未知的远方？是因为觅食时迷失了方向？还是因为受到了族人的排挤？或者，只是为了一种神秘的好奇心？那时候，其实并没有路。那个上路的人在浓密的丛林里摸索。他会遇到各种各样的野兽与植物，一个他从未见到过的世界随着他艰难的跋涉渐渐展开，他时而会恐惧，时而会惊喜。无法想象他第一次见到陌生事物时的表情是怎样的，尤其无法想象他与另一个人或另一群人相遇时的情景。

我不知道如何让时间回溯到地球上人与人第一次在路上相遇的那一刻。从那一刻以后，有多少人开始在路上来来往往，或者为了寻找，或者为了逃避，或者是出去，或者是回来，或者是为着一个明确的目的，或者是为着一个朦胧的希望。

我的第一次出游就是受到文字的诱惑。张志和的“西塞山前白鹭飞”引得正在读小学的我和另一位同学去湖州城外寻找西塞山。许多年后才知道，西塞山在湖州附近的磁湖镇道士矶。但从那时开始，我对那些在文字中已经不朽但在现世里差不多已经消失或者默默而朦胧地存在着的地方，充满了向往和找寻的热情。温庭筠的“肠断白萍洲”在什么地方呢？李白的“二水中分白鹭洲”又在何处呢？杜牧的“二十四桥明月夜”是在一座桥上还是在二十四座桥上呢？至于南朝民歌中“忆梅下西洲”中那个“梅”与“西洲”对于我一直是一种魅惑。

2011 年我去了西藏，参与“行走的力量”，第一次在户外徒步三天，夜晚睡在湖边或山间。然后，连续六年，每年一次户外行走，主编了六本《行走》（mook）。行走带给我的是语言无法描述的经验，是人回到自然之中的那种静谧和安宁。回想起来，生命中每一次的美好改变，都与一次旅行或行走有关。路上的那些风景、客栈、道路、表情、气息、色彩、光线，都在内心折射出光芒，照亮平淡的日常。人确实能够在行走中突破思维的藩篱，重新认知世界和自己。难怪尼采会说：“所有的偏见来源于封闭的心灵。我再重复一遍——成为一个闭门不出的人， 是对思想犯下的滔天罪行。”

2015年我在暨南大学创建了生活方式研究院,每年发布五份报告,其中一份是“年度中国出行体验报告”。这是五份报告中最吸引我的一份,在枯燥的数据后面,总是能够感受到“出行”这一行为洋溢着的无边诗意。

我很喜欢惠特曼的一句诗：世界是漫游者的约会。也因此，我对那些在文旅领域不断努力的人充满敬意，他们把文化的信念和美学的力量融入商业，不仅仅是对商业的提升，更是让漫游者的约会更加美好，让这个世界更加美好。

费勇
学者、生活榜 mook 主编、暨南大学生活方式研究院联席院长、教授、博导
2020 年 9 月

挑民宿，就是挑民宿的老板

这几年外出旅游，但凡有民宿可以选择，我一般是尽量不住连锁酒店的，原因很简单，如果一切在出发前都已知，我为什么要旅游？如果旅游就是为了去陌生的地方过熟悉的生活，我为什么还要旅游？而民宿无疑是能让人体验陌生感的极好载体。

民宿的软硬件条件水涨船高，在供给足够丰富的前提下，我选择民宿的第一要素是看民宿的老板，我认为老板的生命宽度直接决定了民宿体验的深度。常住民宿的人知道，一家民宿的样子就是老板本人的样子，你根本无法想象一个没有文化、没有审美、没有情趣的老板会做出一个有内涵的空间。

杭州的一家民宿主人是几个从阿里系出来的朋友，他们有足够的资金及足够的创新意识，待在民宿的几天里，我们享受到了优美的自然环境与先进的科技体验。

千岛湖周边的一家民宿，主人热爱古玩，家里收藏了不少汉代以来的玉器，由于是朋友，我们得以把玩很多从未见识的印章。

大理的一家民宿，主人曾是报社记者，酷爱读书，于是，在她的民宿里几乎可以看到一个先锋书店的样子，和她一起品茶、读书，大乐！

中国台湾的一家民宿，主人是一位生物科学家，他知晓所有的青蛙品种，夜幕降临的时候，他带我们和孩子一起到野外抓青蛙，是我见过孩子最开心的时候。

如果你期待陌生感、丰富性，建议你提前了解一下民宿的老板，否则民宿很有可能是一家只注重餐饮的农家乐。

骆新

东方卫视首席记者、主持人

2020 年 9 月

写在前面的话

一个对度假饱含热情的人
是对生活有态度的人

中国度假产业只是刚刚开始，未来 30 年才是真正的高速发展期！国内的中等收入群体规模呈现出高速增长趋势，一定会让度假消费成为人们生活的重要组成部分。

记得两年前我在爱尔兰首都都柏林休假，住在了前房东 Breda 家中，有一天 Breda 大家庭邀请我一起吃晚饭，欢迎我“回家”。晚饭快结束时，Breda 的哥哥跟我告别说：“你回上海的时候我不能亲自去机场送你了。”因为他们一家人要去意大利度假，Breda 的哥哥是当地一名公交车司机，每年会有两次家庭度假计划，在发达国家，度假已经是当地人的生活习惯及必需。我在创办趣住空间前，曾担任携程网海外酒店平台总负责人，由于工作关系每天穿梭于世界各地的不同国家和地区，深度调研了全球各地的度假产业现状及未来发展前景。2013 年我放弃了大家眼中的百万年薪，花了一年的时间去欧洲深度考察民宿、度假、康养产业，想在自己 30 岁前确定一个热爱并值得用一辈子去做的事业。

2015 年 8 月，我创办了趣住空间。同年同月，非常感谢我们的投资机构青松基金，在我们没有团队、产品、办公场地，甚至没有 BP（商业计划），脑子里只有一个概念的时候投资了我们。趣住空间最初的梦想是让更多的中国人通过我们的平台“住在美景里，带着人情回”。创业成功是一个概率极低的事件，拿到投资后，我经历了喜悦、膨胀、盲目自信、迷茫、恐惧、焦虑……凌晨两点钟回到家，我一直坐在沙发上莫名其妙地流泪。那时候民宿的概念已经很火了，但是我们发现能够去欧美自由行、住精品民宿还是低频的消费行为。在过去那几年，我们尝试了度假领域的几乎所有商业模式探索，每次有一个新的想法，都会很兴奋，然后快速试错，在我的印象中不知道失败过多少次，但内心依然充满决心并坚持着，任何困难都不能动摇我们对度假产业未来价值的信心。

我内心深处非常热爱度假产业，这么多年都没有周末的概念，因为我爱这个事业，每天都在忙碌地“度假”。趣住空间旗下的“全球文旅住宿大产业博览会”“全球文旅产业精品住宿高峰论坛”已经连续成功举办了五届，2020 年 5 月 29 日，我们举办了全球规模和影响力最大的文旅住宿产业论坛，已打造成为全球文旅住宿行业标杆。2020 年上半年的新冠肺炎疫情对度假产业影响巨大，很多人在唱衰民宿业是新冠肺炎疫情后第一个倒下的行业。在新冠肺炎疫情期间，我跟民宿、度假行业的 CEO 基本上每天十几个电话会议，一直在沟通探讨度假产业的未来。新冠肺炎疫情后中高端度假市场在高速增长的同时也在重新洗牌，未来一定会有一大批缺乏设计感、不重视服务体验、没有运营意识的度假住宿品牌被淘汰，也将涌现更多优秀的中高端度假住宿品牌，为客户创造更多的美好体验。

未来 10 年一定是度假产业高速发展的 10 年，我们不缺客户、市场，缺的是真正让我们眼前一亮的美宿、度假村、精品度假酒店，这也是我们每年评选“全球十大必睡美宿”“中国十大必睡美宿”最核心的目的，我们的价值在于挖掘更多的优秀美宿品牌。今天的趣住空间经过这些年的坚持，已经成为度假产业较有影响力的供应链交易平台，趣住空间旗下的全球文旅住宿大产业博览会已经成为全球度假酒店及供应链品牌的“奥运会”。与我们一路走来的度假产业品牌的伙伴，事实上他们在用各自的方式演绎着如何和全球文旅住宿大产业博览会一起改变、推动中国度假市场。过去在中国，度假消费者的每一个变化背后都蕴含着所有优秀度假住宿品牌的不懈努力和孜孜以求的创新，而我们呈现出来的只是其中一部分。

我们感恩这个时代有这么好的机会，让我们参与到推动度假产业的发展中来。中国度假产业的高速发展，离不开政府的支持，还有那些为度假产业默默耕耘，做出巨大贡献，推动当地精准扶贫、乡村振兴的耕耘者。这也是我邀请这二十位度假产业较有影响力的朋友共同编写出版《美宿・新经济 I》的原因，希望他们每一个人在文旅度假行业的创业、管理、生活、美学的深度理解和思考，给大家一些启发。

李辉

趣住空间 CEO

全球文旅住宿大产业博览会组委会主席

2020 年 9 月

目录

目录

仅以此书致敬

所有文旅度假行业的人

忠于梦想，敢于孤独

莫干山裸心谷度假村

1966 年出生，2012 年加入裸心，任裸心集团首席执行官一职，被所有的裸心人亲切地称为“老马”。加入裸心之前，马偌杰任职于固特异公司与福特汽车公司，分别在美国、印度和中国生活工作过。2005 年在固特异公司北美总部任职期间被派驻中国，建立了固特异中国全球资源配置业务。同时拥有纽约州立大学化学工程博士学位，以及芝加哥大学商学院战略与金融学工商管理硕士学位。曾是数家上市公司及非营利组织的董事会成员，其中包括中国最大的轮胎制造商之一三角轮胎（SH601163）的独立董事。在中国工作生活已逾 15 年，持续活跃于上海美国商会，并担任上海创业组织的导师与教练。同时还积极投身于上海的社区活动，曾担任上海滩运动公社董事会主席，B&B 俱乐部财务官，以及上海板球俱乐部主席。

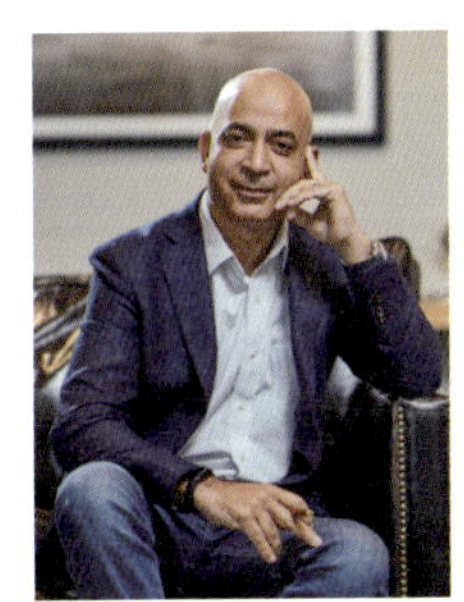

马偌杰

（Manoj Mehta）

裸心集团 | 首席执行官

保持好奇，大胆创新，裸心——做生活方式的引领者

与大多数的酒店集团管理者不同，马偌杰可以说是酒店业的“圈外人”，从履历看似乎与酒店管理行业风马牛不相及，是什么让他一脚踏入裸心集团， 进入度假酒店行业呢？是板球。正是板球让他与裸心创始人高天成相识，共同的话题和追求让两人很快相知相惜，并建立起信任。2012 年马偌杰应高天成邀请加入裸心集团，担任首席执行官，这对生活中的好朋友，事业上的好搭档，分工明确，同心协力，一个负责开发拓展，一个负责运营管理，比肩合作，运筹帷幄。两人共同的理念和目标，让裸心得以迅速成长。

加入裸心集团后，马偌杰以“圈外人”的全新视角，结合其跨国企业高层管理经验，以及多年来在研究领域与管理层面的深入累积，给裸心集团带来一场成功的变革。他为当时的裸心设立了发展目标，在保持初创公司创意与灵活性的同时，架构起系统性的平台，以适应公司未来的成长。自加入后他制定了多项变革计划，规范并优化了裸心集团的业务运营体系。

莫干山裸心谷 · 恒温无边泳池

这些计划包括在集团发展中设定明晰的战略方向，招募大量经验丰富的国内外人才，重构公司关键部门，拓展裸心全国化的发展版图。运用数字化创新和技术，提升客户体验并改进业务流程。与此同时，他还注重强化基于裸心核心价值的企业文化。在他的带领下，裸心集团在业务上呈现多元化的发展，业务领域包括裸心度假、联合办公及生活探索几大板块。旗下拥有莫干山裸心谷、裸心堡，刚开业的苏州太湖之畔的裸心泊，以及即将开业的南京裸心岭，郑州裸心度假村项目，加上联合办公空间裸心社（裸心社在 2018 年与 WeWork 中国强强联手），共同开创联合办公新格局，而生活探索则秉持裸心“生活方式引领者”的目标，持续寻找并探索各种生活方式的可能性，为未来新业务的尝试积极准备着。

于印度出生、美国求学的马偌杰有着多元文化的国际背景，扎实的学术基础，加上对中国市场的深入洞察，令他对裸心集团在中国市场乃至全球业务的拓展都具有独到创新的战略把握能力，也使其将战略思想与高效执行完美地融合。至今，裸心已成为中国知名的高端度假品牌之一。

价值与文化，快活裸心，返璞归真

走进裸心集团上海办公室，轻快的音乐、舒适的环境、客厅沙发和小食等细节都透露出“舒服”的感觉。“裸心，带你回到所来的地方”。作为裸心的“大家长”，马偌杰希望每一位员工在轻松的环境中创造出更高效的业绩。以人为本不能只体现在裸心度假的待客之道上，同样需要融合在公司内部的氛围之中。这句话带着一点禅意，是他对裸心的概括，也是心中的愿景。

众所周知，今天人们提到“裸心”的第一反应就是逃离城市和回归自然的理想之地。无怪乎有这么一句话，“中国民宿看莫干山，莫干山民宿看裸心”。自 2007 年莫干山第一家民宿——裸心乡成立，到 2011 年裸心谷度假村被《时代周刊》列入“中国 50 个必去的地方之一”的度假地，并在 2013 年获得绿色建筑国际奖项 LEED 最高荣誉铂金认证。2017 年，苏格兰传教士医师梅藤更的莫干山 1 号别墅被改造为充满传奇色彩的裸心堡度假村，再到 2020 年 10 月 1 日开业的、融合姑苏文化与水乡风情的苏州裸心泊度假村，这些项目带给每一位去过裸心度假的游客前所未有的壮阔美景和极致奢华的度假体验。

让生活远离城市喧嚣，让生命回归自然纯净，让心灵找回自我平衡。裸心是可持续发展度假酒店的先驱者，为客人提供独一无二、融入自然的度假体验。如今在国内外众多社交媒体上，大家都喜欢用“世外桃源”来形容裸心的度假村。“美誉度是做出来的，并不是对着媒体喊出来的，”老马自豪地说，“现今中国的旅游度假市场，需要的是真正引起消费者的认同

莫干山裸心谷·林间骑行

莫干山裸心谷・树顶别墅

和共鸣，除了度假村的地理环境、硬件设施、服务品质，传递的生活理念显得尤为重要。清新（fresh）、乐活（fun）、绿色（green）、精彩（great）是裸心的品牌基因，我们要做生活方式的引领者，为客户提供‘快活裸心，返璞归真’的生活度假体验。”

成功的内核，源于洞察，追求创新

业内一直对与裸心度假村的每个房间每年的利润充满猜测，与诸多一线城市的五星级酒店相比，裸心度假村的盈利能力确实不容小觑。为何会有这样的高收益呢？裸心除了在建筑规划上融于自然，展现莫干山、太湖等极致自然美景以及裸心谷、裸心堡和裸心泊的风格独树一帜之外，还有以下两点。

首先，这源于对每一位裸心客人的数据收集和分析。在整个度假村的运营中，裸心特别关注每一位客人的预定、入住、消费习惯，从中寻找他们的消费需求，这对下一步的产品升级有着极大的数据支持。“好的产品自己会说话，不需要过多的包装和推广”。马佶杰强调，自 2011 年以来，裸心的客人络绎不绝是因为认同感，在这里他们获得的是他们真正需要的，除了莫干山自然环境的优势，能带来身心的满足成为他们选择裸心的原因之一。

2020 年初受新冠肺炎疫情的影响，全球的酒店及旅游行业，国内外商务旅行都受到重创。根据客人反馈以及数据信息的分析后，裸心对产品做了大胆创新。

2020 年 3 月，裸心谷重新开门迎客的当天，创新度假模式“零接触，全自助度假”同步上线。“面对短期冲击，消费者逐渐恢复对度假和休闲旅游的需求，我们深切了解到宾客对享受大自然，逃离宅家的渴望，创新推出‘零接触，全自助度假’的独特度假体验，其目的是打消大家的顾虑，提供更严谨、更安全健康的生活方式。因地制宜设计规划的裸心谷，漫山竹海，自然之境的独立夯土小屋，独栋树顶别墅，莫干之巅裸心堡的独立奢华小院，为健康自然的度假模式提供可能”。马偌杰进一步介绍道，“自新冠肺炎疫情发生以来,我们非常关注政府对新冠肺炎疫情防控的举措,也从中学到很多。对于复工我们严格按照新冠肺炎疫情防控要求，本着对客人和员工更负责的态度进行尝试与创新,在度假产品模式上做出创新大胆的调整，‘零接触，全自助服务’能有效避免新冠肺炎疫情的风险，并提供给客人健康、安全的全新度假选择”。

当你走进裸心谷的那一时刻，“零接触，全自助度假”就此开启：首先到前台领取一封早已准备好的“裸心密码信封”，里面有你在入住期间的度假攻略。你和家人可以参照攻略地图，呼吸着山谷的清新空气，徒步到别墅，行李通过消毒后被送至房间门口，房间内“裸心战疫”爱心礼包防疫物品早早静候。那段时间裸心谷内的餐厅暂停营业，一日三餐的食材来自裸心农场及莫干山当地，新鲜的食材通过“零接触”的方式送到房门口，树顶别墅内配备齐全的厨房，任你发挥烹饪天赋。在全景露台上，一览竹林山谷美景，私享户外温泉池、露台烧烤。此外，别墅内的高速网络满足了大人办公、孩子上网课的需求。

让客人“全自助”看似没有服务，其实“隐形”服务一直伴随客人始终。比如客人想骑山地自行车，宾客服务中心员工沟通后将车放在指定地点，归还完毕后将车彻底消毒。客人可用 naked Now 小程序预定活动，购买商品，与管家沟通，让入住体验更加便捷。马偌杰告诉记者，“裸心谷一向颇受欢迎的户外活动在避免聚集的情况下开放。‘零接触，全自助度假’的度假模式深受客人欢迎，距离裸心谷 15 分钟车程的裸心堡也恢复运营”。

因时制宜，因需服务，以大数据分析为基础，充分考虑客人的需求，调整策略，增加服务手段，大胆创新，“零接触，全自助度假”得到了宾客的诸多好评。裸心也由此引入更多科技、更多技术，创新举措带来了最大益处。

裸心的市场营销重点除了散客外，一开始就放在了许多跨国企业和大型中国本土公司上，主攻做团建和企业活动的业务，有效补充了度假村在工作日的客流。

莫干山裸心堡度假村

时至今日，裸心谷依然有 40% 的客户来自团队。这种成功也被复制到了裸心堡及其他新度假村的运营上，在新冠肺炎疫情发生之前，每个月大概有几十个公司或团队来到裸心堡。“我认为国内的企业活动业务有机会在 Q4（第四季度）开始复苏，2021 年的 Q1（第一季度）基本恢复，而国际企业活动业务将会有一定难度。”马偌杰表示，提高效率以应对并适应新的市场需求很关键，策略和技术是区分赢家和输家的关键。只有利用技术提高效率、为客人提供更好服务的企业才能从那些只依靠降低成本和服务水平的对手手中夺得市场份额。尤其在 2020 年的新冠肺炎疫情困难时期，对于度假行业来说，低价不是“赢”的法宝，反而有可能“输”得很惨。

“我和创始人高天成的看法一致，认为裸心不应该以外国人的群体为目标客户，更大的市场在中国客人那里。”老马告诉我们，“虽然裸心的房价不便宜，但是现在中国客人的消费越来越成熟，尤其喜欢生活配置完善，提供丰富体验的度假村，所以我们配备了更完备的起居设施。景观客房、全景露台、户外按摩池、别墅烧烤设备、宽敞的客厅、全配置厨房，还特别为客人提供 SPA、采茶、骑马、游泳、徒步、爬山，射箭、草地保龄球等活动项目。很庆幸我们对目标客户的定位很正确，尤其体现在今年全球出现新冠肺炎疫情的时刻。”

保持好奇心，勇于挑战，超越自己

熟悉中国民宿业发展的人都知道，莫干山（中国民宿业高地）民宿的发展，可以说是始于裸心。

2007 年，裸心集团创始人高天成因一次在莫干山骑行迷路，发现了一栋村屋，着迷于周遭自然环境的美丽，他建立了裸心乡，自此开创了裸心集团。经过十几年的发展，裸心已成为拥有裸心谷、裸心堡、裸心泊等度假村以及联合办公空间裸心社等综合业态的集团公司。裸心成功以来，马偌杰也认为，硬件上的仿效很容易，但内在的理念和内部的运营管理体系却很难复制，而这也正是裸心持久的生命力。

裸心希望给予客人的是内心深处独特的体验，而这必须来自裸心从上到下、从内到外的整体服务意识，这不是创始人、CEO、总经理、高管做到就可以了，而是需要每一个员工都具有，因此这必须是一个金字塔式的系统，而要复制整个系统是很难的。马偌杰说：“在裸心的企业文化里，我们一直强调，观点可以碰撞，团队必须合作，也正是这种文化让裸心得以保持好奇，不断超越自己。”

“裸心并不在意被仿效，首先，被仿效意味着我们做得出色，再者，裸心希望更多中国客人可以用全新的度假方式来亲近自然，裸心谷和裸心堡的诞生树立了莫干山度假的标杆，带动了莫干山当地度假行业，这是一件好事，让更多的人回归自然。而裸心一贯保持好奇，大胆创新，新的度假村诞生都是对于前一个的突破与再进步，再创新，而且是快速创新，这样才能保持引领者的态势，无法被超越。”

“不过，裸心集团并不只有裸心谷、裸心堡和裸心泊，也并不只有度假村。只要和人相关的生活方式，都是裸心发展、改造的目标。”马偌杰透露，在品牌战略规划上，裸心早已多元化发展，业务领域包括旅行板块的裸心度假，联合办公板块的裸心社（目前已与WeWork中国强强联手），以及身心健康等其他领域。“我希望，每一位客人离开裸心之后，记忆将存留在心中，并带入自己的生活里，拥有正向、积极的体验。”

莫干山裸心堡 · 城堡内景

绿色与环保，关注自然，永续发展

裸心作为高端度假品牌屡屡被提及，“裸心谷是中国第一家得到美国 LEED 铂金等级的环保建筑”。什么是 LEED？LEED 有着绿色建筑领域“奥斯卡”的美誉，全称为 leadership in energy and environmental design，即“能源和环境设计先锋”，由美国绿色建筑协会建立，并于 2003 年开始推行。LEED 认证是目前全球各类建筑绿色、环保以及可持续性评估标准中最完善、最有影响力的认证体系，代表着绿色建筑和节能的最高行业标准，而铂金级是 LEED 认证的最高级别，全世界仅有 5% 的 LEED 认证项目能够获此殊荣。

苏州裸心泊 · 裸叶 SPA 水疗

环保是需要大量投入与不懈坚持的。事实上，裸心谷自 2011 年开业以来，始终致力于将最创新的环保技术引进到度假村的开发和运营中，例如：应用污水循环利用系统提高水资源能效，引进地源热泵、结合太阳能板为裸心堡提供能源，清风系统采用先进的建筑技术和环保材料以最大限度减少对自然环境的破坏，等等。裸心希望借由一系列的绿色环保投入与举措，倡导更多中国消费者具备环保意识，这就是裸心绿色清新的可持续发展的态度。

莫干山裸心堡 · 草地保龄球

苏州裸心泊度假村

数年前， naked GEMS(naked guestroom energy monitoring system) 裸心客房能耗监控系统开始运营，作为裸心集团绿色新科技，其推广与使用使裸心继 LEED 最高荣誉铂金认证之后，又成了业内首具备互动功能的客房能耗监控系统的高端度假村的开发者。据估计，运用 naked GEMS 每年可节省超过 18 万千瓦时的电能，相当于减少 14.1 吨二氧化碳的排放量；每年可降低 7650 吨用水量。naked GEMS 的命名颇具深意，“GEMS”的缩写恰好是英语中“瑰宝、宝藏”的意思，而人类最丰富的资源和宝藏源于大自然。

马偌杰表示：“研发此技术的目的并不是为了约束大家使用能源，而是激发客人的环保意识，让更多人关注环境保护和可持续发展的重要性。裸心打造的是绿色清新、高品质的度假村和生活方式，我们不仅积极地与当地社区的自然环境融合发展，更投身于保护它们。naked GEMS 能让更多人意识到通过简单的方式就能有效降低能耗，让绿水青山得以永续。”可持续发展是裸心一直以来坚持的态度。

战略化布局，直面变化，充满信心

2020 年全球经济发展尚存在诸多变数，马偌杰表示仍然对中国市场信心十足，正按照战略规划在全国布局，相继推出多项创新举措提升消费信心，酝酿多年的苏州太湖边的裸心泊度假村于 2020 年 10 月 1 日正式与消费者见面，让人们备受期待的南京溧水“裸心岭”也紧随其后揭开神秘面纱。不久前，郑州新密伏羲山裸心度假村也正式签约。在中国华北、华南市场的布局也在不断加速，更多因地制宜，集可持续、自然、环保、乐活、科技为一体的高质量项目正蓄势待发。未来几年，裸心将拓展更多度假村项目，不排除在河北、深圳、苏州和崇明等地发力。随着中国经济的发展、大众对生活方式品质的提升，裸心度假板块的布局将趋向完善。

“我十分看好中国未来的旅游经济发展，当今的消费者更加注重生活方式和品质。这一场新冠肺炎疫情，对于很多人来说，都是人生新的开始。在这段特殊的日子里，赐予了人们更多与家人相处的时间，烹饪、读书、游戏、聊天。”马偌杰认为，今后消费者在度假产品选择上会倾向于回归自我，真正地和自己相处，和家人相处，和大自然相处，让品质生活的实现变得更简单。而裸心推崇的生活方式意味着回归内心，简单生活。通过山林、农田、茶园、崖景、湖泊等自然要素完成对产品意境的勾勒，远离尘嚣的纷繁困扰，回归生命的纯净状态，与自然融为一体，享受绿色清新的生活态度。

在裸心集团办公室的走廊里，摆放着裸心度假村每一个项目的沙盘，远远望去一片翠绿。墙上悬垂的数十条灵动的画幅，将每一个度假村最精彩的画面层叠交错，跃然而上，生动诠释了裸心清新、乐活、绿色、精彩的品牌基因。靠墙最显眼的地方，用麻绳、竹片、茶叶罐、纸片拼出一幅巨大的裸心版图。马偌杰的办公室门上贴着一张“老高”和“老马”斜躺在沙滩上的照片，缘于照片中两位好友在一次度假中的倾心畅谈，才有了这位曾经被行业内称为“圈外人”的裸心 CEO。而正是这位圈外人，用他独特的经济视角和卓越的领导才能，带领着裸心人创造一个又一个的精彩时刻，成为中国高端度假行业举足轻重的新经济人。

松赞·香格里拉林卡

松赞集团董事长，松赞品牌创始人。自 1996 年起，担任中央电视台纪录片摄影编导，致力于藏地文化的推广与宣传。2000 年，在家乡香格里拉创建松赞第一家精品酒店，逐步打造全球首个藏地酒店环线及松赞新滇藏线。在 20 年间，以酒店为平台，以自有旅行产品为依托，推广本地文化精髓与自然人文生态，带领更多旅行者舒适地深入藏地山村秘境，开创滇藏地区全新旅行方式。

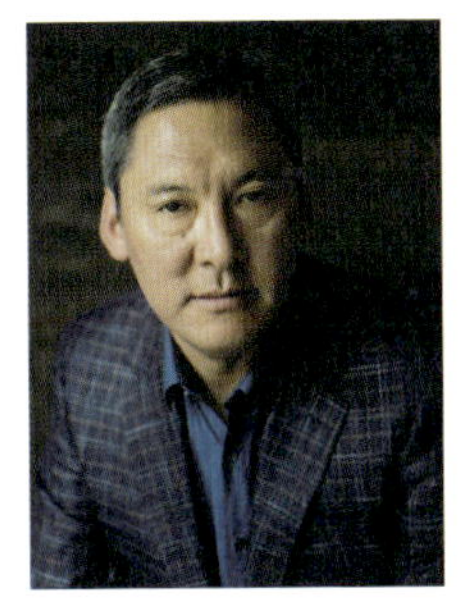

白玛多吉

松赞集团 | 创始人、董事长

开启隐秘之门，生于土地的松赞

我的家乡是松赞林寺脚下的克纳村，当地人都叫它小街子。在我出生之前，克纳村是整个县里最繁华的地方，到处是经商、礼佛的人，后来政治、经济、文化中心转移到县城，克纳村的繁华没有了，再后来，寺院被毁掉了，变成了废墟。我小时候生活在集体的半农半牧的环境里，虽然过去集市的痕迹还在，但人们的生活方式已经改变了。

从出生、上小学到读完初中，我在家乡完整地生活了 15 年。直到 1979 年去昆明上中专。那时候刚刚恢复高考，家里比较困难，我下面还有几个弟弟妹妹。在农村长大的孩子懂事比较早，虽然父亲希望我上高中，但我选择了中专，原因是对于当时来说中专毕业后马上就能有铁饭碗，能为家里分担。

中专毕业后，我被分配回迪庆。再过了一年，当地要办电视台，因为是新兴事物，当时这里又没有几个大中专毕业生，所以领导比较重视，送我去了云南电视台。于是，从 1984 年下半年开始，我开始接触电视，包括迪庆电视台自办节目也是我自己做起来的。在那期间，我参与了英国导演菲尔・阿格兰德的纪录片《云雾之后的中国》的拍摄，并以此为契机，进入北京电影学院进修。

在北京电影学院的两年时间里，有很多作品要拍，当时中央电视台很缺人，我也会帮他们做一些海外专题。北京电影学院的学业完成后，1993 年，我被邀请到合作过的中央电视台海外中心，担任纪录片摄影编导。

其实我在没有去北京电影学院之前，就跟中央电视台有一些合作了，用了很长时间，做了多部反映藏地文化的专题片和纪录片。我是个特别热爱家乡的人，很希望中央电视台能播出一些我们拍摄的东西，那时候没有自己出名得利的愿望，唯一的愿望就是把家乡宣传出去。

收到中央电视台的工作邀请之后，我还是有些纠结，因为去后就意味着离开家乡，而离开家乡对我而言还是一个很慎重的事情。但可以通过中央电视台看到世界。除此之外，我还有一个用来说服自己的理由：希望自己能成为一座文化桥梁，让更多人了解藏族和藏族文化。

做酒店的想法是在 1998 年萌生的。那时我去法国参加戛纳电视节，第一次接触精品酒店（boutique hotel）。不禁感叹住在这小小的建筑里，就能感受和体验到广博的当地文化，更是发现了除纪录片之外，善巧保存、并向世界展示本地文化的另一种可能。

另一个原因是，之前我拍了很多关于家乡的专题片，很多人看了片子就来了，他们都说："你的家乡真美，但就是住得太糟糕了。"慢慢地，这也成了我的负担。我是一个家乡情结特别重的人，在我心中，自己的家乡就是世界上最美好的地方，而人生最重要的就是能为家乡做点事情。当时我就想，可不可以自己也在家乡做一个本土文化的小酒店。

松赞 · 塔城山居

松赞·塔城山居外景

这个想法真正落地是在 2000 年左右，中间有差不多 3 年的时间在犹豫，一是因为那时的生活比较稳定舒适，不太容易舍弃；二是没有考虑清楚如何来走这条路，我希望能找到一条新的路径来做自己想做的事。

那时候安缦已经在不丹做了 Amankora，“kora”是藏语“转经”的意思，就是通过 5 个安缦酒店，在不丹做一次完整的环线旅游。不丹的地理面积和迪庆藏族自治州的面积差不多，只比迪庆大一点点，但自然状况和景观远远不如迪庆，人口又比迪庆多。我想，在迪庆运用类似的方式来做一个循环旅游的平台可能是一个好办法。

当时最简便的方法就是从自家的老宅子做起。于是我在兼顾中央电视台工作的同时，回到故乡香格里拉，打算在自家宅基地上建造松赞绿谷山居。跟家人一商量，他们也都同意。1998 年动意，1999 年开工，石墙木架大院，结构改动不需要太大，初期的改造只为增加作为客房的功能性，保持了像家一样的温馨感。

20 世纪 90 年代初，在拉萨的八廓街能买到很好的旧物件，在北京的琉璃厂、潘家园也都能淘到。我有意识地收藏了一批藏族的卡垫和地毯。1998 年，我在北京买了第一套房子，毕竟是藏族人，家里总要有几件藏式的家具。潘家园一个卖藏式家具的老板把我带到郊外，在一千多平方米的大仓库里面，摆满了西藏老家具、老门板和老器物，都是从拉萨一件件收来的。我每样都爱不释手，一下就买了五十多件。见到这些东西的时候我决定买下来，一个原因是想保留住这么精美、带着本民族历史和工艺的藏式老家具，另一个原因就是下一步要做酒店这个事情。

松赞·如美山居

不能完全说淘家具是实现松赞的第一步，因为很多事是因缘会慢慢聚集，而不是一个因缘就能把你推向这个方向。往往做事情也最忌讳这样，如果只有一个因缘，那可能麻烦在后面。诸多的因缘聚合在一起之后，什么时候才真正下定决心要做酒店这件事？

正是这些地毯和家具，以及包括一尊缅甸公元十三世纪的跪僧像在内的东南亚和藏区的佛像，成就了松赞绿谷的藏地之美。2001 年 10 月，松赞第一家酒店——松赞绿谷正式开业。

藏于克纳村的松赞绿谷挨着松赞林寺的院墙，透过藏式木窗向外望去，几座起伏的小山围拢着拉姆央措，水鸟鸣叫声随风高高低低传送而来。清晨，水鸟在水面的雾气间游动，村庄里的桑烟和炊烟在山谷中弥漫，满月淡淡地从石卡雪山背后落下，朝阳透过晨雾慢慢照亮松赞林寺的金顶，早起的人们开始转经，寺里的鼓声开始在空中回荡。

只要你用心，总会有人欣赏。2001 年刚开业不久，来了一个法国人， 在这里一住就是一个月。他每天早上一起来，就跑到村里看看哪家人需要帮忙干活，中午就在那家吃饭，下午他又换另外一家干活。就这样，他在村里干了一个月的活，把那个季节里能干的农活都干了。美好的存在，是为了在懂得欣赏的人面前展现光彩。2002 年，时任美国财政部部长的保尔森来到绿谷，离开的时候，他们一行人因为担心绿谷赚不到钱，就把商店里的艺术品和工艺品全都买走了。就这样，20 年来有几万人住过松赞绿谷，来过的很多松赞客人都把这里当作自己在香格里拉的家。

之后，大概在 2004 年，我离开中央电视台，全身心投入松赞系列酒店的打造。2005 年，建立松赞第二家酒店——松赞香格里拉林卡，然后是奔子栏、梅里、茨中、塔城几个山居落成。就这样，在地理角度和文化意义上，形成了一条“松赞香格里拉环线”，把大香格里拉这片区域的自然奇观、野性生灵、户外探索、村落生活、乡土民俗，以及手工艺体验等串联了起来。

2015 年开始，我们启动了“松赞滇藏线”项目，打造出松赞丽江林卡和松赞拉萨林卡， 并以这两家酒店作为“松赞滇藏线”的起点和终点。从丽江到香格里拉，再翻越梅里雪山一直到圣城拉萨，松赞以点连线，用一个个隐藏在山村里的酒店串起了一条新的朝圣之路，也给疲惫赶路的旅人提供了静下来去体会这片土地的机缘。如同我们的初心，松赞想让大家看到的从来都不仅仅是一条旅游线路，而是这片土地和土地上的人。

在这个过程中，位于澜沧江畔绿洲上的松赞芒康如美山居，与冰川对话的松赞然乌来古山居，在建造中经历了种种考验，逐一落成。2019 年松赞波密林卡的开业，标志着“松赞滇藏线”正式打通，将茶马古道、214 国道（滇藏公路）、318 国道（川藏公路）合而为一， 也赋予了藏地旅行以崭新的面貌和可期的未来。

松赞 · 拉萨林卡

打造远方的“家”

20 年来，松赞专注地打造了一条由精品山居酒店和旅行产品串联起来的茶马古道、新滇藏线，其目的是希望更多的人能以高品质的旅行体验走进这片美丽又神秘的土地。

同时，我还希望到松赞来旅行的人，除了能够看到藏地的风光之外，更能够收获这个区域和这个民族的文化对他们的一种启发。什么样的启发最有用呢？我觉得是看这个地方的人是怎么去追寻快乐和理解快乐的。因为所有的生命都有趋向快乐的天性。追求快乐对于每一个生命来说，都极为重要，而且天经地义。

松赞 · 丽江林卡露台

在藏族传统文化里有一个传说：在青藏高原不为人知的地方，隐藏着一个叫作“香巴拉”的神秘王国。根据传统藏文经典里的记载，香巴拉是我们普通人难以到达的另一个维度的世界。在那个世界里，所有的生命都通过“时轮金刚”这样一套关于时空秘密的方法来探索生命的真相，并因此过上自在、快乐，超越一切烦恼和痛苦的生活。而这个香巴拉秘境和我们这个世界之间有一条通道，叫作“地之肚脐”。很多藏族学者都认为，这个地之肚脐的大门就在迪庆，也就是松赞的故乡香格里拉所在的地方。事实上，“香格里拉”和“香巴拉”本就是同一个词，是在藏文到英文，再到汉语的翻译过程中产生了差别。

既然松赞就诞生于这个叫作“香巴拉”的土地上，我想我们应该利用这个条件，来把这片土地千年以来所传承的香巴拉的智慧分享给更多的人。这并非指我们通过一次消费或一次享受所获得的那种短暂而易变的心理体验，而是如同传说中香巴拉人一般的一种开放、自在、无私且充满智慧的稳定状态。我们希望来松赞旅行的人，可以通过这次旅途，找到自己内心的“香巴拉”。

因此，松赞不仅是希望打造一个远方的家，更想为松赞的员工和客人打造一个心灵的家。除了你亲身来到香格里拉，这个传说中有形的“地之肚脐”所在地之外，我们更希望你能够在旅途中获得新的看待生命的智慧。为此，松赞通过对在地文化的深入学习和整理，设计了一条内心的“地之肚脐”。我想，只有将有形的“地之肚脐”和无形的“地之肚脐”合二为一，才是通向香巴拉的实践路径。酒店和旅行都只是那扇门，如何获得幸福和快乐才是门后的那条路。这，才是松赞旅行的真谛。

而对于松赞来说，分享和传播这种智慧最直接的触角，就是我们的松赞员工。很多来过松赞的客人非常感动的就是我们的员工和管家质朴、真诚、自然、非标准化的服务，或者说没有太多痕迹的服务。很多人心里会有一个疑惑：你们怎么会有这么好的员工，是怎么培训出来的？因为客人能够感受到这些员工的热情都发自肺腑，而且是自然地表露出来的。

实际上，这是因为我们松赞20年来，不断地跟员工沟通的一个道理：追寻快乐最简单和最直接的方式，是给予别人快乐。我们要发自内心地把松赞的客人当成自家的亲人，而这种热情真挚的待客之道对于原本是本地农牧民的松赞员工来说，是流淌在血液和基因里的。

因为藏族传统文化里相信：所有生命的心在本质上是一体的，只有发自内心的友善才能产生生命之间的连接，所有表面造作的语言和行为是不能真正打动人的。这一点如果你来过藏地也一定会有所体会。比如你可能看到过很多藏族老人转转经筒，或是焚香祭祀、口中念念有词。他们念的词并不是保佑他们的家庭，或是保佑他们自己，也不是升官发财赚大钱，而通常是“愿所有色界和无色界的有情众生，远离苦及苦因，不离乐及乐因”。

受过藏族传统文化熏陶的人，都是发自内心地希望每一个生命都可以获得快乐，远离痛苦。

也正是因为秉承了这样的理念，所以迄今为止，我们的员工，特别是老员工，就能表达出他们的真诚、质朴，而且是很自然地流露出来。所谓“没有痕迹的服务”，其实就是把所有的客人都当作自己最亲密的亲人，然后来回馈亲人，衷心地希望每一位客人都可以在旅途中获得快乐。因此，从这一点上来说，无论是酒店前台的接待人员、餐厅的服务员，还是我们旅行部的管家和司机，都成了传达藏地文化、藏族智慧的媒介，成了本土文化的代言人。

松赞・绿谷山居员工

我想正是因为松赞这种无形的淳朴和温暖的调性，让客人觉得虽然身在异地，但是却有一种久违的归属感。这也是松赞的粉丝对松赞品牌具有很高忠诚度的最主要的原因。

总而言之，松赞生根发芽于这片土地，要做且正在实践的，就是通过自己所做的事情，让更多的人能找到属于自己内心的“香巴拉”，找到内心的自在和安宁。酒店和旅行，是松赞打造的通往香巴拉的一条道路。这条道路是以大家需要且乐于接纳的方式，在和本地人、本地文化的接触与交流中，在淳朴真诚的微笑里，让每一位松赞的客人看到并体会到生活的其他可能性。从而为大家打开一扇门，一扇通往“香巴拉”的大门。

希望更多到松赞旅行的人，拿到那把打开隐秘之门的钥匙，找到更稳定的快乐源泉。

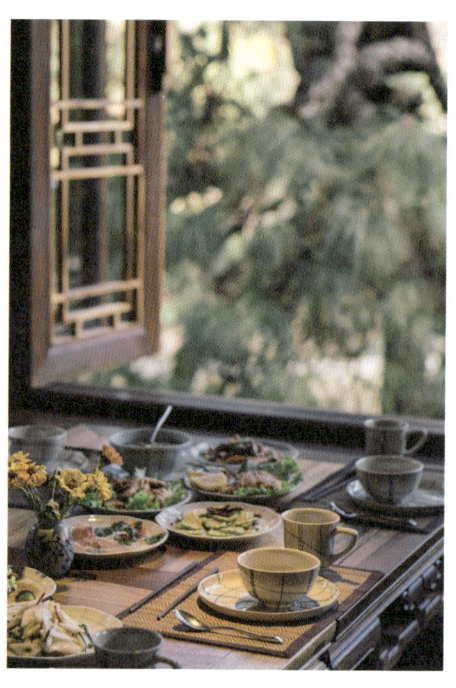

松赞・塔城山居餐食

深入隐秘山村——寻找香巴拉

从喜马拉雅山到横断山脉，广袤的藏地是世界上生物多样性较丰富的地区之一。这里拥有几百到几千米的海拔落差，雪山环绕、江水奔腾，可以看到几乎所有地理上的主要奇观和超乎想象的自然美景。生活在这片土地上的人们，自古孕育出了独特的藏地文化。这一切都使得这片对于大多数人来说有些遥远的土地熠熠生辉，也使得藏地旅行格外令人期待。

这里是我的家乡，每次回来都会让我有一种释然、

松赞 · 来古山居外景

愉悦的感觉。松赞是从山村里长出来的，也最能理解乡村。我们希望通过优质的服务，带你深入藏地山村，在那些最美也最遗世独立的地方，舒适、便捷、放松地体验藏地的诗和远方。不光去看大山大水，也去了解，乃至体悟藏族传统文化里的生命智慧。

我一直相信，如果能让更多的人在领略藏地壮美风景的同时，还能在旅途中获得对于生命与世界的新的认知，找到个人的快乐之源，那才是我创办“松赞旅行”真正的价值所在。

如今，我们已经可以带大家一路从丽江走到拉萨。但这还远远不够。未来，我们还将在这一区域继续深耕，提高现有酒店的硬件与服务品质，开发更多的精品旅行产品，让选择松赞的客人获得超越期待的旅行体验。同时，还会有达林山居、易贡山居和巴松措林卡等一些全新的酒店开业，带领旅行者去深入领略这片土地的美好。

当然，说到底，松赞要做的事是“寻找通往香巴拉的路径”，而香巴拉其实是每个人心中的理想国，并非仅限于藏地。但可以确定的是，无论日后松赞“走”到哪里，根植于土地，深度联结在地文化，都是松赞不会改变的原则。

在未来的几年当中，松赞也会将同样的理念应用于云南，尤其是“半山酒店”的项目上。众所周知，云南是中国景观较美、文化较丰富的地区之一。20 年前，世界上最著名的旅游指南 Lonely Planet 就曾把《西南中国》分册的副标题命名为“多彩的云南和它的邻居们”。

“半山酒店”作为“大滇西旅游环线建设”的重点项目，会选址在拥有绝佳风景的地区。但风景优美还不足够，对于半山酒店，我的设想是一定要依托山村，使酒店和所在的村庄形成良性共生的关系，从而能更好地融入并保护这些村庄，就像松赞这么多年来所做的一样。

比如从第一家松赞酒店诞生至今，我们的山居系列酒店就一直起到了引导当地村民生产生活方式转变和促进就业的作用。在松赞开始的地方，香格里拉克纳村，20 年前仍然是半农半牧的生产生活方式，而今天则已逐渐转变为一部分人在松赞就业从事酒店服务工作，一部分人开设藏民家宴成为松赞的餐饮供应商，一部分人开始给酒店提供生态食品，还有一部分人甚至自己开起了民宿客栈，成为旅游从业者。当然，松赞每年也通过酒店年收入、员工工资支付、采购支出和租金支出等很多方式直接给当地贡献了丰厚的回报。

在云南，我们也可以以“半山酒店”为依托，发展旅行、康养和文化产品，以此来带动当地农产品、手工艺等多种多样的经济元素。酒店可以留住当地的年轻人，一方面给他们以发展空间和成长机会，另一方面也通过这种雇佣形式和当地形成更加紧密的联系，让乡村和酒店都更有活力。酒店带来的新人群、新产业、新资源将和当地经济发生新的互动并产生化学反应，促进当地的产业升级。

“半山酒店”的选址既然坐拥或壮阔、或秀美的风景，也就必须要注重环境保护。在这一点上，松赞以往也一直在用最高的标准要求自己，并且已经积累了一些经验。例如松赞来古山居，地处海拔 4200 米的西藏昌都市八宿县然乌镇来古村，直面来古冰川，四周环绕雪山。在设计伊始，我们就决定尽可能减少酒店对环境的侵入和破坏，这样的生态理念不仅体现在建造过程中，也体现在完成的整体视觉效果以及酒店运营里。最终，我们决定利用原始地形，将来古山居整个酒店镶嵌在悬崖上，近一半的建筑藏于山体内部，从村子远望过去，只能看到建筑的上半部分，与原始村落形成了极为协调的肌理关系。同时，来古山居也用低碳的方式保障了舒适性，并达到了环保节能的目的。

这样的原则也应该是所有“半山酒店”所遵循的。“半山酒店”无限接近自然与原生态的诉求，也决定了其在选址和建设上的特殊性——毕竟只有深入自然美景当中，才能真正将云南美丽的风景展现给世界。因此，我个人也希望“半山酒店”在选址、资金、土地规划、土地定级和基准地价等方面能够得到更精准、更灵活、更因地制宜的政策支持。

松赞 20 年的酒店建设与运营经历也让我深刻意识到，国内高端酒店投资回收期都非常长，投入产出比较低。我深知，想要塑造一个优质的“半山酒店”的品牌会面对诸多困难，因此也希望能够获得政府更多资源倾斜来支持它的建设，让我们可以在更短的时间内，更有效率、更有品质地打造出“半山酒店”。这样既能更好地满足大家日益增长的旅游需求，同时又能通过高品质的旅游带动当地的发展，从而在短期内产生规模效应，成为云南的新名片。

安吉木野

1982年生，湖北省嘉鱼县人，毕业于北京航空航天大学，2005年加入阿里巴巴，2007年作为创始团队成员创立阿里妈妈，2014年离开阿里巴巴，同年创立几何，2019年创立太目，现任几何和太目的创始人兼CEO。

陈宫平

几何 & 太目 | 创始人、CEO

对酒当歌，人生几何，这是一个关于时光的人生故事

离开工作9年的阿里巴巴后，我坚定选择做一件自己喜欢的事情，一脚扎入了“创业坑”。用“对酒当歌，人生几何”的初心，在2014年创立几何，专注发现和推荐精品民宿及酒店，探寻闲适品质的生活体验。

目前几何旗下有“几何民宿”“几何度假”“几何会员”等超200万精准粉丝的自媒体矩阵，合作商户超千家。几年深耕之下，成为精品民宿垂直领域领先的自媒体推广及预定平台。

2020年，我们又正式推出了太目SaaS系统。太目，即Time，是一切与时间有关的产品与交易，为酒店在线营销领域里的各个角色，提供端到端的全链路解决方案。酒店、旅行社、包房商、代理商、媒体渠道、KOL达人都可以通过太目来高效地运营酒店营销业务。

从零开始的“几何”之路，曲折且光明

2014年，阿里巴巴集团上市，作为一个在阿里巴巴经历了9年的阿里人，一直在思考后面的路要怎么走。离开阿里巴巴并不是因为公司有什么问题，而是自己进入了人生新的阶段，希望在合适的时间点开始新的历程，做些

自己更能掌控的事。再不行动，可能就再也行动不了了。想明白了，选择也很简单，找一件自己喜欢做的事情，一步一个脚印实现内心的想法。这件喜欢的事情就是做精品酒店，之前因为工作的原因经常住酒店，喜欢酒店营造出来的生活方式，也对酒店的消费者有了很多的了解。做一个品质生活方式的推荐和发现平台，是最开始创业的定位。

“几何”名字的诞生，经历了一段很有意思的过程，最开始起名字的时候就确定了原则：简单好记、有内涵、关联性强。想遍了植物和动物，没有发现好名字。突然有个小伙伴提出“几何”这个名字，加上“对酒当歌，人生几何”的意境，很好地呈现了品质生活方式的业务场景，而且“几何”这个词是一个通用名词，很容易记忆，大家一致同意选择了这个名字。

创业的头两年，基本上算是交学费。不管你一开始怎样雄心壮志，投入了多少钱，两年后，基本上都会重新定义“创业”。经过两年的摸索，我们终于确定下来，做一个原创内容自媒体，通过发现和筛选好的内容，把小而美的民宿产品推荐给消费者。在这个过程中，创始团队的基因体现出重要价值，我们比较擅长互联网产品的研发以及原创内容的创作，所以在一个公众号已经没有了红利的阶段，我们仍旧能够通过好的产品裂变能力以及优质的原创内容能力，逆势突围，快速做出一个民宿自媒体大号，拥有了百万精准粉丝。

丽水驻 85

通过持续的原创内容输出，用户开始逐步对“几何民宿”产生了信任，我们也开始了创建民宿酒店预订平台的征程。一开始，我们是没准备做预订系统的，毕竟全公司也找不出来一个做旅游板块的人，这样的团队想做一个酒店预订系统真的有点痴人说梦。好在我们是一个认准了就不会轻言放弃的团队，开始为用户提供民宿预订服务后，就遇到了一个“拦路虎”。民宿因为体量不大，很多房型都只有一间房，在房态没有及时维护的情况下，早期预定房的拒单率高达 50%，用户的预订体验很糟糕。创业就是一个不断拓展认知边界的过程，无知者无畏，创业的过程中会发现很多自己不知道的东西。这个时候最容易放弃，只要认准目标，就会发现这也不是一件多难的事情。用心去思考并解决一个个的问题，慢慢地我们也可以成为专家。

经过两年的努力，几何民宿酒店预订平台终于逐步成熟了，年订单额也超过了一亿大关，之前最让人头大的拒单率也降到了 1% 以下，因为和多个 PMS 完成了系统直连，用户预订也基本能实现即时确认，和民宿酒店之间的结算也完全实现了自动化，运营成本大幅度降低。年订单额一亿多，只用了 3 个客服、1 个财务人员，效率还是非常高的。

我们发现周围做自媒体的朋友也面临着和几何一样的问题，因为酒店民宿预订对于房态同步的需求非常迫切，而绝大部分自媒体没有能力通过技术手段来解决这些问题，只能通过人工搬运数据的方式来完成预订流程，这个过程既痛苦又麻烦，随着订单量的增加，要不断地增加人手来解决数据同步问题。自媒体市场是一个碎片化、去中心化的市场，我们在这个过程中找到了新的价值。基于几何在民宿预订市场 4 年多的不断摸索，以及对酒店度假领域的系统性思考，2020 年我们正式推出了太目网络，来帮助酒店在线营销领域里的各个角色。

持续拓展认知边界，形成学习成长型团队

创业是一个持续不断拓展认知边界的过程，不仅仅是创始人，整个团队都需要明白自己处于认知的哪个阶段，能够更客观地看待问题，思考并解决问题，形成解决问题的认知循环。整个过程也是学习的过程，团队在此过程中能够快速地成长，不再拘泥于专业、经验的局限性，快速实现业务上的突破。

很多时候，业务方向有很大的不确定性，创业的过程能够验证这些业务方向的确定性，在该过程中如果能够形成学习成长型的团队，这其实是最大的成果，因为这类团队有能力在纷繁复杂的市场中寻找并抓住新的机会。

丽水驻 85

丽水驻 85

（1）组织管理原则。制定原则，是一个能够有效降低沟通成本的方法。通过制定各种工作原则，可以让相关人员快速、方便地根据原则来判断。通过原则，特别是组织管理原则，能够让组织成员很清楚地知道自己的晋升发展、学习成长路径，形成自我驱动的成长之路。原则的制定不难，难就难在能不能坚持原则，在没有理由修改原则的情况下，那就去坚持既定的原则。很多时候原则就是在纠结的过程中逐步失去严肃性的，也就没有了原则。一个组织没有原则，会让所有成员无所适从，演变成依赖人的感觉，这对组织发展会造成严重的伤害。

（2）选人看态度。组织之所以能成为组织，是源自组织内个体有同样的思考方式和做事方法。正因为如此，选人是一件非常重要的事情，我选人的核心是看态度和意愿，意愿有了，态度也很不错，其他的一些问题是可以后面来观察的，但如果态度和意愿有问题，即使这个人能力再强，也不适合进入组织。

快乐工作，认真生活

快乐工作、认真生活，是我做人做事的原则，认真的本质其实是用心，工作要用心，生活也一样要用心。

记得有一次给女儿下面条吃，花了很多心思加了一些她很喜欢的食材，她吃完后问我："爸爸，这个面为什么这么好吃啊？"我问她："你知道这个面是什么面吗？"她说："不知道。"我说："这个是心思面。"她随后悠悠地说了一句："心思是什么？是空气吗？"

的确，心思是看不见、摸不着的东西，但是你的用心，对方一定能感受到，用心是人与人之间感情连接的基础。在生活中，用心对待亲人、朋友、同事，即使是陌生人，也一样需要用心，用心且不求回报，才能一直保持下去。

在家里，我们有一个最重要的家庭公约：说到做到。其实这也是认真生活的一种表现。在工作中，很多人说我能做到，但是在最亲近的人面前，反倒经常做不到。每一次的说到做到，其实是在持续地建立个人印象，特别对于孩子来说，大人的一举一动都在潜移默化地影响他们，我也希望孩子都能有说到做到的好品质。

杭州 那云・星空宿

台州仙居·不如方

认真生活是一种生活态度，所有的一切都为了回归健康和快乐，也祝愿所有的朋友都能健康和快乐。

几何和太目：经营时光与未来

随着居民收入水平的增长，消费水平也在随之不断地提升，对于消费产品和服务的要求也会越来越高。民宿作为一种品质生活的代表，势必会让更多的消费者享受到独特的生活方式，提升综合生活品质。

一个细分市场的扩大，取决于市场供给能力以及对消费者需求反馈调整的速度。经过前几年的快速发展，民宿行业出现了大量同质化产品，这些产品并没有提升生活品质和服务水平，反而把行业引入了价格竞争的漩涡，这样的现象对于一个刚刚起步的行业来讲是非常危险的。

行业需要一个筛选器，把好的产品、好的服务、好的设计、好的民宿人发掘出来，给消费者提供一个更加良好的消费环境，让更多的消费者喜欢这些好产品，从而促进更多的好产品出现，形成行业的正向发展。

几何，希望能够成为这样一个筛选器，帮助好产品出现在更多有需求的消费者面前，也让消费者有一个安心消费的精品民宿预订平台。好民宿，几何见。

除了促进民宿行业的健康发展外，太目希望在更大的旅行度假领域，结合快速发展的互联网技术，提供一个新的智能商业解决方案。以酒店行业举例，这个行业已经发展了上百年，本质上是一个销售时间的行业。由于时间本身存在局限性，决定了供给端不可能爆发性增长，而且随着日期的变化每天都会有供给的上限。

需求端则受节假日、天气、区域的影响，有很强的波动性。一端供给有限而且过时消逝，另一端又波动强烈，这样就导致旺季一房难求，淡季没人来，供求矛盾非常突出。

市场供求矛盾问题，最好的方式是交回给市场，由市场来进行动态调节。当然，市场调节机制也需要形成有效的反馈机制，让市场参与者及时获得反馈，从而进行策略调整，逐步形成健康成长的行业市场。酒店行业很早就有了 PMS 系统，已经进行了一部分的数字化，实际上这个行业到处都是信息孤岛，数据之间互不相通，导致上下游的合作依赖大量的人工进行数据同步工作，极大影响了市场反馈的效率，也让市场中的各个参与者对于市场的敏感度降低，很容易出现无效供给。

太目希望在酒店以及旅行度假领域提供一个完整链路的数字化解决方案，帮助在线营销上下游的各个角色实现业务的全数字化，大幅度提高自身运营效率以及上下游合作效率，通过标准化 SaaS 系统，重构上下游合作中的数据同步（包括结算）、资金、发票、协议、服务五层问题，降低 B2B 之间的合作交易成本。由于全链路数字化，也可以极大地提升市场反馈效率，每个参与者的行动可以通过数字化网络进行即时反馈，再根据反馈情况快速进行调整、迭代。

越来越多的上下游参与者使用 SaaS 系统后，会形成一张旅行产品的供求网络，利用网络效应来引导和优化参与者的行为。随着网络积累的数据越来越丰富，结合各种智能算法，又能够有效地帮助各个参与者在网络中找到自己的定位，并通过智能系统放大这些定位的价值。

太目，帮助经营时光的人，更好地经营时光。

茅山民宿村

1982 年生，江苏常州人，半边山下品牌创始人，半边山下文旅集团董事长，常州市金坛区政协常委。专注于互联网行业的研究，曾创办常州本地门户网站山水网，自主开发的“MAG” APP 为 800 多家自媒体平台提供技术支持。

邓亮

半边山下 | 创始人

创业路上，实干与创新缺一不可

2016 年，一次偶然的机会，我“跨界”到了文旅行业。通过一段时间的摸索，这个行业给我的第一感受就是“难做”！“非周末”“淡季”，成为 80%~90% 的文旅行业经营者无法逾越的两座大山。而我是一个喜欢挑战与创新的人，既然传统模式走不通，何不换种模式、换种思路。作为一个跨界者，我尝试用互联网的模式去做文旅产业，首创了“会员制”与“宿集”的概念。实践证明，互联网模式下的文旅产业是行得通的，当然还需要不断探索与创新。

既然选择了远方，便只顾风雨兼程。到 2020 年，已经是我在文旅行业的第 5 年。一路走来，虽然有弯道、豁口、孤独，却很少会寂寞。因为我始终认为：创业路上，实干与创新缺一不可；只要有创新，日子就会有花火。

缘起常州

2016 年，中国旅游市场迎来了全民休闲度假时代，市场需求不断增长，民宿资源端却还是一片蓝海。截至 2015 年底，全国客栈、民宿超 4 万家，且大部分集中在南方。作为江浙沪旅游目的地大省，江苏民宿业却停滞不前，尤其是常州民宿市场还处于空白。

民宿对时令旅游的过度依赖，也让市场面临着非周末与淡季流量不足的痛点，80% 的民宿无法实现盈利。但情怀散去，民宿业主又该何去何从呢？面对以上种种问题，当时还在常州山水网创业的我，决定和合伙人在常州金坛茅山脚下建设一座与众不同的“民宿村”。这几个合伙人中，有画家、摄影师，也有程序员、推销员等。

茅山民宿村原本是茅东林场国有制改革后设置的林场员工的拆迁安置点，通过“公司 + 农户”的改造模式，我们在这片占地 500 亩的地方，总投入 3000 万，共计改造楼院 20 栋，建成约 160 间客房，219 张床位，分四期建成。同时，我们在村内还配套建设了无味餐饮、茶楼、云咖啡、烘焙之家、户外拓展基地等生活休闲设施，并因地制宜，利用茅山的天然优势打造了玻璃栈桥、书屋、廊桥等网红旅游景点。始于住宿，不止于住宿，才是我们想要的民宿村。

2017 年，茅山民宿村正式投入运营。它不仅打开了常州民宿的第一扇窗，也让“半边山下”品牌由此建立。2018 年，民宿村成功入选国家首批森林特色小镇试点建设项目，并且是江苏省唯一入选单位。

首创全国连锁民宿直营与会员制

虽然茅山民宿村自带目的地属性，但旅游市场强烈的淡旺季之分，依然是不可忽视的一大难题。难道旅游目的地就只能被“节假日”随意支配吗？当然不是！互联网的世界充满了无限的可能。

2017 年，茅山民宿村以“99 元一间房”为营销点，在各大互联网平台上进行竞价营销，以低价模式吸引了一大批天使用户，甚至为民宿村创下了节假日入住率 100%、非周末入住率 95% 的亮眼成绩。这波成功的营销，让半边山下“会员制”理念开始萌芽。

茅山项目的平稳运营，同时为半边山下布局全国奠定了基础，也为后续的项目投入与建设确立了标杆。2018 年 3 月，半边山下首家省外项目——浙江安吉项目投入运营，自此，半边山下全国连锁民宿直营模式启动。在接下来的 2 年时间里，我们走遍全国

西塘斯墅

野松岭

湖州太湖宿集

莫干山桃源

各地，旗下民宿项目覆盖江苏、浙江、上海、安徽、江西、福建、湖南、湖北、陕西、广东、广西、海南、贵州、四川、重庆、云南、内蒙古 17 个省、市 70 余个热门旅游目的地。

在“99 元一间房”的基础上，半边山下会员理念不断升级创新。2018 年 9 月，半边山下第一张“黑金卡”面世，民宿会员制正式确立。半边山下会员只需花费几百元购买一张黑金卡，就可以在会员期内免费入住半边山下在全国的民宿。原本动辄千元的精品民宿，平均只需几十元就可以入住。不仅拉动了会员在非周末、非节假日的消费需求，同时相对缓解了旅游旺季对目的地的压力，并为半边山下在全国快速发展打开了市场。

在全国连锁民宿直营市场上，半边山下是第一个提出会员制，并大力推广的企业。不断增长的会员，就是我们弥足珍贵的资本。他们是半边山下汇聚的“芯”力量，也是半边山下撬动行业创新的助力军。在互联网市场上，得用户者得天下。截至 2020 年 5 月，半边山下活跃会员人数约 70 万，会员家庭超 40 万，公众号粉丝突破 100 万。针对高速增长的用户，半边山下推出了线下数据变现业务和线上数据变现业务。会员在民宿住宿时，可以选择在半山小店、无味餐饮、烘焙之家等配套设施进行体验消费；也可以进入半边山下线上商城，在线购物。

“连锁直营 + 会员制”的组合形式，让半边山下通过流量闭环打破了传统民宿的运营方式，降低了民宿获客成本；会员在小程序和 APP 提前预订房间，通过“分时度假、规划出行”，降低了民宿体验门槛，民宿运营效率也得到大力提升；半边山下通过会员流量激活民宿闲置资源，借助餐饮、娱乐、旅游、休闲等其他服务，将民宿盈利建立在客房之外，实现了百万级会员体系内的生态发展。

2019年，中美贸易博弈让带动内需成为关乎国计民生的聚焦热点。2019年6月，半边山下相继亮相中央电视台《焦点访谈》“中国为什么行”专栏节目《潜力无穷的市场空间》、中央电视台《朝闻天下》专栏《记者观察》、CCTV-2财经频道《致富经》等节目，半边山下的茅山民宿村模式，以及开创盈利在客房之外的新经营思路等，得到主流媒体与社会大众的广泛关注。

宿集助推乡村振兴

半边山下模式的成功，让市场上开始出现模仿者与追随者。但大部分效仿者都只是学会了表象而没参透精髓。模式容易拷贝，但创新才是半边山下得以不断成长的关键。纵观整个民宿行业，由于各地政策不统一、民宿运营投入周期长，尤其在大量资本涌入和巨头进场后，靠情怀振兴的传统民宿产业日渐式微。加上近几年国家对农村经济发展的思考与推动，让半边山下除发展民宿产业之外，还致力于开展乡村唤醒计划，进行美丽乡村的整体改造及运营。同时利用半边山下自身的会员体系及营销优势，结合乡村的风貌特色和文化特色，进行造名引流，激发美丽乡村活力，促进村民就业，拉动当地旅游业发展。

茅山民宿村的运营，为半边山下在以乡村旅游带动乡村振兴方面提供了一定的参考经验。茅山民宿村80%以上的员工为附近村民，直接带动了当地村民就业。在民宿村项目运营后，周边20多户村民也相继开办民宿和农家乐，一定程度上推动了当地经济的发展，为政府发展乡村振兴提供了灵感。

以茅山民宿村为范本，半边山下提出了“宿集”概念。以民宿集群打造为支点，融合当地文化特色，赋予乡村新的主题；同时与当地政府携手，对乡村闲置资源进行整合再创造，不断完善各类配套服务设施，打造综合型的乡村度假目的地。而半边山下的会员数据和运营资源，会将人群带进来，把名声带出去，真正盘活乡村。可以说，半山宿集是半边山下构建的“香巴拉”，是半边山下推动乡村振兴的驱动器。

2019年，是半山宿集的元年，更是半边山下的战略转型期。为此，我提出了在全国打造十大明星宿集的想法。面对过量开发的美丽乡村和运营的现状，半边山下携媒体矩阵优势、海量会员数据优势，携手江浙等多地政府将“宿集”概念融入当地乡村振兴的事业中去。我们全程参与项目的设计、建设、运营、培训、交易等，打造集住宿、餐饮、娱乐、休闲、旅游等于一体的主题乡村度假目的地。农业、旅游业、文化产业的深入融合，让乡村沉睡的资产开始成为村集体和农民增收、创收的源头活水。截至2020年6月，半边山下已投入运营的宿集项目有茅山九龙潭宿集、太湖宿集、莫干山桃源、千岛湖宿集等；同时另有在建项目茅山野松岭、威海大海宿集。

在这里，和大家重点分享半边山下在湖州南太湖畔匠心打造的太湖宿集·杨

安吉韵里度假别墅

溇村。杨溇村原是世界灌溉遗址工程“太湖溇港”三十六溇之一，但大部分年轻人的流失，让这座美丽的村子成了一座空心村，经济发展略显滞后。2019 年，半边山下依托杨溇村的太湖区位、溇港人文、水乡古韵等特色，秉承着生态优先的原则，对 40 余栋古民居进行整村改造，希望打造一处集住宿、休闲、餐饮、康养、研学等于一体的乡村旅游度假目的地。其中，一期规划改造民居 30 栋，24 栋墅家小院，一院一特色；两家餐厅，一家老面馆，一粥一饭都是家乡味儿；一个小酒吧，一家书店，一所茶空间，为都市人打造一处归心处；一个儿童之家，为留守儿童与度假小朋友开辟一家乐园；一处专为空巢老人打造的免费茶舍，为村里老年人的生活增加一点儿鲜活。美丽的南太湖畔，我相信很多人会爱上这里。生活，在别处。

布局全国，全线开花

2020 年，一场突如其来的新冠肺炎疫情，几乎让整个旅游行业被迫进入冰冻期。但半边山下前进的步伐并未停止。复工复产后，半边山下黑卡 2.0 正式发行，会员权益得到全面升级。包括免押入住、可选民宿更多样、可选产品更丰富等，在留住老用户的同时继续扩大会员规模。

产品线方面，半边山下在民宿之外，另外新拓展了五星酒店业务。半边山下会员不仅可以免费住精品民宿和度假别墅，还能折享入住全国知名五星酒店。这一举措，不仅让会员权益更加丰富，也为新冠肺炎疫情中的酒店业复苏注入一股活力。

相应的，越来越多的精品民宿主也在不断地加入我们，希望可以和半边山下达成长期合作。在跨省游受限、全国住宿空房率高居不下的时期，已经形成闭环生态链的半边山下会员制，让会员与民宿主达成双赢。

新冠肺炎疫情犹如一张大网，开始在连锁民宿行业大浪淘沙，原半边山下的模仿者开始掉队、重组，甚至消失，但是半边山下坚持下来了。乘风破浪之后，便是向阳而生。

茅山民宿村风景

民宿学院

半边山下的发展离不开“以人为本”。这个“人”不仅仅是会员，还有民宿人。目前，半边山下在全国的直营民宿超过100家，合作民宿超过300家。市场的快速扩张伴随着民宿高端管理和运营人才的缺失。借鉴半边山下的运营经验，我们在常州茅山脚下打造了一座民宿学院。民宿学院是解决半边山下自身生态圈问题的关键一环。半边山下是媒介，人与人的沟通才是文旅服务的本质。半边山下的可持续盈利生态链建设，最终是要实现“房源、运营、平台、会员”的有机协调。

学院通过公开课、大师课、精英沙龙、游学考察等形式，对民宿从业人员进行公益化培训。通过整合社会资源，研究民宿产业，推广民宿标准，培育民宿尖端人才，孵化民宿品牌，研发民宿产品，开辟一处专属于民宿人“学习、分享、交流”的成长平台，以此向集团内部和全国地区输送高素质的民宿管理人才，实现行业共荣基础上的内质提升。

创新：逆风翻盘，向阳而生

十多年的创业生涯，让我愈加相信了一个道理：实干与创新，就是勇敢面对挑战的利刃。俗话说，“心有多大，舞台就有多大”。创业，就是要敢想、敢做，并为此坚持不懈。

在工作上，我特别喜欢组织同事进行头脑风暴。三人行，必有我师。一个好的灵感，往往源于不经意间的一次对话、一场争辩，甚至一个不切实际的幻想。我们把这些看似不着边际的想法，一点点抽丝剥茧，将不合理的地方合理化，将复杂的地方简单化，然后去试验、去试错、去优化……创业就是一个反复尝试的过程。我很幸运，有一群可以一起试错的伙伴；更幸运，有一个能够容错的市场。我们的很多同事都是90后，他们的思想更加跳跃，想法也非常天马行空。作为一个过来人，我愿意和年轻人在一起工作，聆听他们的想法，学习他们的果敢，然后和他们一起向阳而生。

在生活中，我喜欢静坐。静坐常思己过，在这个瞬息万变、信息快速更迭的社会，如何让自己的心慢下来是一种能力。我喜欢在常州金坛的钱资湖畔闲坐，对前一段时间的工作和生活进行复盘，对得与失进行反思，然后去改进、优化。不断地与自己较劲，然后再出发！

未来，在希望的田野上

2020 年，半边山下的产业布局已经基本完成。精品民宿预订平台是起点，民宿学院、数据变现是方法，乡村振兴是未来。

世界著名建筑师库哈斯曾说，当城市变得越来越智能和精确，或许我们还会怀念不可预测的城市系统，而未来生活的变量或许在乡村。当下，出境游暂未恢复，国内长线游依然受到掣肘，城市周边的乡村游成了旅游复苏的主力军。而面对我们的新中产用户，他们重视体验感和归属感，审美升级，消费未知。因此，半边山下宿集将根据用户心态和消费偏好，在设计、产品、服务、营销等各方面做好随时创新的准备。

我们坚持创新，勇于挑战，倾心打造乡村旅游“浸入式”体验，从吃农家饭、住农家屋、参与农家生活的浅层次开发，到全面盘活和深入挖掘乡村旅游资源潜能，让乡村旅游看得见山、望得见水、记得住乡愁。将民宿产业趋向多业态、多形式、多维度的生态圈层化发展，融合文化、农业、餐饮、旅游、艺术、健康等领域，形成一批具有自我特色的宿集品牌，让更多的人愿意为一间房赴一座城。也让更多的乡村加入我们的行列中来，奋力走上“生态美、产业绿、百姓富”的可持续发展之路。

南京翡翠谷汤山温泉民宿

坐忘森林酒店

忘坐森林酒店创始人。2013 年创办花音酒店管理有限公司、大理花音客栈；2015 年创办坐忘酒店管理有限公司；2018 年创办坐忘森林酒店；2018 年被推选为“青城山精品民宿联盟”会长；荣获 2018 年中国住宿业年度女性最美空间女主人；荣获“幸会 2018 年度最受欢迎时髦掌柜”；“坐忘酒店”在 2019 年全球文旅产业精品住宿高峰论坛会上入选“全球十大‘必睡’民宿”，且作为四川唯一代表；2019 年全球文旅住宿大产业博览会中国最具影响力美宿·新经济 50 强；2019 年抖音最受欢迎旅宿品牌 TOP10;2020 年第五届全球文旅产业精品住宿高峰论坛，中国最具影响力美宿·新经济 50 人。

杜天煜

青城坐忘森林酒店 | 创始人

从“民宿”到“文宿”——相信本土是一种影响力

一直很喜欢一部电影《新龙门客栈》。荒凉大漠，风骚的老板娘，打着客栈的幌子，干着杀人越货的买卖。也是在这里，上演了爱恨情仇、义薄云天的故事。年少的时候，我骨子里就一直带着这种侠义的情怀。客栈即江湖，客栈即人生。

怀揣着这样的梦想，从走出校园的那一刻，我就开始了长达八年的社会闯荡，我有 6 个异父异母的亲姐妹，人称“七仙女”，我们一起行走于江湖：在伊朗穿越沙漠，经历过印度的枪声、希腊的骚乱，非洲大草原上与猎豹擦肩而过……可能只有行走，你才会发现地球之大，那些与你截然不同的人正用五花八门的方式生活着，他们拥有不一样的价值观，让这个世界显得纷繁复杂又有趣，让理解他们的人有共鸣，让不理解他们的人有话题可聊。当我在每一片土地流连忘返之时，世界的另一端则是我成都的朋友结婚、生子、买房、加薪，也许老了之后我会一事无成，但那一刻，我只想拥有鲜活的生命。

当你在朝着梦想摧枯拉朽前进的时候，你会发现世界处处充满了奇迹，即使只是宇宙间的一颗沙砾，也不愿随波逐流而平庸。

用一路走来收集到的美创造一座有爱、有灵魂的房子是我一直以来的梦想。开始的时候，它只是一个遥不可及的梦，直到有一天，站在双廊满天满海的夕阳面前，突然之间，我发现一切变得有可能。于是，就有了这座收藏回忆的双廊花音客栈。说起来这么云淡风轻，但是，从选址、设计、建房、装饰，再到后来的管理经营，是一个漫长的故事。双廊现在是我的半个故乡，那儿的山、海、人都深深牵动着我。是的，我和许多人一样，因为“情怀”进入了民宿行业。

2011—2015 年是情怀民宿，2015—2018 年是设计感民宿，大量的媒体人、设计师涌入大理，进入民宿行业，从设计到建造，从床品到卫浴，越来越精致，越来越豪华。伴随着人们对“美”的渴望和追求，人们开始在民宿外形上追求“惊”的感觉。在“审美疲劳”的驱动下，民宿开始了硬件上的“军备竞赛”。

从开始的几百万元建改成本，迅速拉升到几千万元，甚至更高……但，商场如战场，资金的使用是需要价值来置换的，只有设计，没有商业运营、产品作为支撑，存活依旧是一件艰难的事。本来以个性化为核心的民宿，也没有了差异化，失去了独特的唯一性。我们也开始重新思考民宿行业未来的发展和突围之路。

按照马斯洛需求层次论，我们把服务分成了五个层级：满足、满意、惊喜、依赖、迷恋。从满足到惊喜，就是从驿站到饭店，再到民宿的发展过程，而之后的依赖和迷恋，必须建立于来自心灵世界的满足感。对于如今的客户群来讲，其根源性的需求不仅仅是简单的“住”，而是追逐“心动的感觉”。

这种需求存在于人的精神层面。其实 “精神需求”也是一种刚需，且具有无限上升的可能性，于是我们在住宿这个行业，选择了一个新的赛道，以开创一种“精神”的服务模式，打造一套“灵动”的体验感酒店。

2015 年，我回到了家乡成都，选址青城山，创办了坐忘森林酒店，将这座酒店隐匿于一片郁郁葱葱的山林间，“种” 进森林里。

坐忘作为以人与自然第一接触为考虑的疗愈度假酒店，以“道法自然”，以山、水、树、影为设计元素，调动人的五感与自然进行深层次的接触和体验，酒店最大的特色是以青城山丰富的自然景观和浓厚的道家养生文化为背景，打造自然疗愈文化产品“坐忘愈场”。我把它定位成红尘（城市）到寺庙中间的第三空间。

从商业逻辑上，民宿如果想要谋得发展，也不能简单地定位于吃住，它应该成为文脉的呈现、文明的载体。尤其是地处青城山这样拥有国际品牌影响力的旅游区，这里的民宿天然带有承载、传播更高文化的使命。也因为在这样的文化高地上，民宿更不能是简单的民宿，它应该具有“文宿”的概念。

坐忘森林酒店

“文”不仅是一种承载，更是一种引领。于是，文化之“虚”与民宿之“实”，犹如阴与阳，共同旋转形成了一个民宿创新模式的“太极图”。如果能将在地资产与实体相结合，就能够让人“摸”到资源的“手感”，让人感受到环境的“体感”，让人体验到文化的“心感”。那么民宿就有了自己的“灵魂”。

仅有概念肯定是不够的，“文宿”的“手感”从哪里来？商场有商业模式，产业有产业逻辑，“文宿”落实到具体经营中，依然要从“战略规划、文化理念、制度创新、产品研发”等一系列基础的“排兵布阵”开始。“文宿”“心感”从哪里获得？所有的市场本质都是需求的聚集，而需求的满足全部来自“心”上的感觉。如果把“文宿”想象成一个湖面，那么“体验”就是落在心上的“石子”。

从“民宿”到“文宿”，它的发展一定要经过一个路径，即文化化—场景化—体验化—品牌化。

文化化

对于旅游这个行业来讲，如今已经有了一种新的趋势，叫作“文旅”，其实，

坐忘森林酒店

这也是民宿未来的一个发展趋势，即“文宿”。首先，必须要有文化，因为它是未来构成差异化、个性化、体验化的一个前置条件。哪个景区没有餐厅、住宿、娱乐设施？消费度假场景的丰富程度已见顶。本质上，人们需要“城市已有配套之外”的一个“精神”场所。不同的民宿所处地理位置不同，所依赖的资源不同，体现的文化自然也不同。在民宿行业，设计风格可以复制，运营模式可以复制，但特属于该地、该民宿内部的文化，以及该民宿与当地文化风情相互融合的氛围却是独一无二的，无论如何都复制不了。

我是因为“坐忘”这个名字来的。
为什么当时会起名为“坐忘”？
“坐忘”这个名字起得真好！
“坐忘”是什么意思呀？

每天在酒店都会听到这样的一问一答。回答的人不一样，当然答案也不会一样。

第一次读到“坐忘”二字是在庄子的《庄子·大宗师》：“堕肢体，黜聪明，离形去知，同于大通，此谓坐忘”。“坐忘”就是忘却自身形体，抛弃聪明才智，与大道相化为一，一种排除世事，进入静寂，物我两忘的境界。佛家有参禅，道家有坐忘，坐就是不动，忘就是不想，不是坐下就忘，躺着就明白，站起来更糊涂，而是有迹可循的。

从个人到企业，从组织到国家，都只需要一个机会去点题：血液里的土地。李子柒、故宫文创、花西子……每一个品牌都来自最初的信仰，相信本土，相信民族的世界，相信在地文化是一种影响力。找准文化的抓手，善用媒体渠道进行合理的包装和运作，对文化内涵进行深度的挖掘和运用。所以文化化实际上是当所有的未来发展趋势中最为重要的一个环节。坐忘森林也天然带有这种承载中国优秀文化的使命。事实上，我们也一直在做努力，如何把青城山文化融入设计中？如何把道家文化渗透到体验产品中？基于对青城山的深厚感情以及责任的驱动，坐忘团队最终锚定了一条发展之路，就是越是稀缺的资源，越要进行高精化发展，当然这也是一条艰难的路。但，坐忘团队愿意做民宿产业的先行者，力争找出一条属于未来的发展之路。

坐忘森林酒店

场景化

朋友圈，是消费场景里最后的“相对成本”洼地。“景观”是进入体验，而不仅仅是隔着观赏或高高在上，所以，我们需要的是什么？自成景区，带有更强的互动性质。如果人们能够通过场景化服务疏解身心的困惑，这应该是一个超出行业基础之外的重要需求。比如同样用于酒店景观的资金，我们不做一般的娱乐设施和景观，而是做场景化侵入。

场景化，首先在于内部的场景化，其次在于连接的场景化。民宿的场景化绝对不止于民宿的建筑，也绝对不止于民宿的摆设，也绝对不限于民宿范围以内的地方，所以它一定存在于民宿的各个地方。它所形成的这种场景，还得差异化、连接化。

我承认许多场景是因为美丽而打动了我，但它们并不是建立在美学的基础之上，而是建立在心理学基础上。因为那一刻，它们体现了一种对我而言非常重要的意义。“看到”很重要，越是天真烂漫的人越能看到常人所看不到的细节。因为有些东西不仅仅要靠眼睛来看，更需要与你所在的世界共生共情。每一天的日常生活中，厨房清洁和起居室整理的行为里都蕴含着某种神秘的仪式，这就是属于平凡人的“生活美学”。

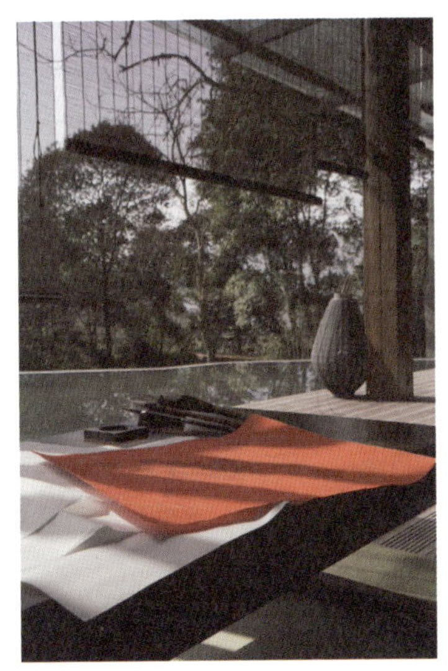

坐忘森林酒店

场景化就是离开景区，依然可以看到和了解这座城市，了解这个景点，了解它未来的发展趋势，了解地方的底蕴和文化。所以场景化一定要配合文化化来做细节呈现。真正的场景，不是销路好的商品，也不是美观的装饰品，而是治愈心灵的秘方，治愈每一个无处安放的心灵，让他们在茫茫的黑暗中感受光亮和温暖。

体验化

在一个“体验”满天飞的年代，无数人在为创造、传递、获取和享受它而苦苦追寻。大脑有着无穷无尽的需求，所以市场上占绝对优势的就是体验经济。

坐忘从初见到现在，已经突破了原有的、陈旧的住宿运营模式，打造出了符合时代发展的商业运营模式。从战略发展规划到企业产品设计研发，坐忘已经完成了客户深度体验设计的 4.0 版本，从最初的简单拼凑到与客户的需求相融合，坐忘不断迭代，已经创新出了一套将文化落地，实现客户深层次需求的一系列产品。

坐忘打造了全国首家“坐忘愈场”。“愈”为疗愈，利用自然法则，疗愈你的“身、心、灵”。坐忘不仅仅是给客人提供一间房、一张床，更多的时候，希望客人的六根（眼、耳、鼻、舌、身、意）都能有所体会。这里有抄经室、冥想空间、瑜伽教室、温度茶室，每日清晨由管家带领客人站桩、吐纳、练习八段锦，之后会有晨读。下午有云舞、瑜伽分享课，晚上客人还会体验到最具特色的颂钵音乐会，让你真正脱离城市的喧嚣，抛开红尘的烦恼。森林愈场包括拿着镜子看森林，辨识森林的味道，森林里的诗人，与森林之灵共舞等体验活动。继森系以后，坐忘还将打造灵系、仙系、动系、道系四大板块。抚慰其心，安放其身。

以酒店为载体，用美学课接引受众，让大家学一些法门，在这个过程中实修，学着给情绪一个出口，让人的精神在时间和空间中转移、放松，疗愈精神。

品牌化

从一个国家到一个城市，从一个人到一个产品，品牌才是真正的核心竞争力。很多人都觉得品牌就是很快地复制，大规模地开连锁，还有人觉得做品牌就是花钱打广告。而品牌核心是客户对品牌的认知，所以占领市场不如占领客户的思想。客户的认知决定了品牌的存亡，而在认知的世界里，不同胜过更好，什么都是，就等于什么都不是，少即是多，多即是少。在住宿这个品类里，民宿品牌很多，但是很多客户对品牌的认知并不清晰，无边泳池、天空之境、温泉浴池、落地窗户……这些好像成了民宿的标配，亲子酒店、情侣酒店、电竞酒店……当同质化产品越来越多时，顾客选择民宿的理由不是因为产品好，而是对于品牌的认知清晰。

坐忘酒店是一家自然疗愈度假酒店，根植于在地疗愈文化，纯粹精致且个性鲜明，这里有自然的疗愈空间，可以帮助客人在城市繁忙的压力下找到平衡，在享受旅行度假乐趣的同时，让每一位客人达到身体、情绪、大脑、心灵上的欢喜自在。从呼吸到情感，从饮食到睡眠，开启健康、平衡、喜悦的身心唤活之旅。

坐忘基于青城山得天独厚的自然资源和道家的养生文化，天然承载这样一个使命——让天下人找到心灵的栖息地。围绕主题打造灵魂，围绕灵魂打造产品，围绕产品打造品牌。销售的目的是让产品好卖，而品牌能让产品好卖，销售是主动找客户，而品牌是让客户找你。所以，销售能力可以让公司赚钱，而品牌可以让公司值钱。

2011 年进入民宿这个行业，这 10 年是我和民宿行业共同成长的 10 年。10 年可以说很长，长到美好的故事清晰在目，无法忘怀；也可以说很短，短到一眨眼我们就走过了 10 年。这 10 年，我安安静静地做着喜欢的事情，我遇到的人，做过的梦，受过的伤，逝去的爱，都历历在目，像电影回放一样回闪于脑海。梦想终归是要有的，它可以照亮你前方的路。与其追蝴蝶，不如停下来种植花草，鲜花盛开，蝴蝶自来。

这两年我在山上待的时间很长，这里的花草植物总是令人着迷，让人感叹这里的人如此懂得生活，不仅美，还有力量。坐在这里，被植物抚慰，你不会想与世隔绝，反而想要好好生活，体会所有生命的丰盈。所谓生活美学，不是一种时髦的说辞，而是把对美的追求和观察运用在我们的日常生活里；也不仅仅是物质的，真正的美学更包含了如何说话，如何穿衣，如何管理自己的健康、饮食、体态、修养，如何得体地成为真实的自己。从一点一滴的小事开始，让自己置身在“美”和“爱”里。

这里，吸引我的，是看似雷同却在变化的故事，绝妙风景，离开人，也比不过相似的画面。故事每天都在身边发生，让我更爱这里掠过的光与影，所有痕迹都会因色彩变得生动，好似城中的鸡尾酒，都有着自己的独特味道。因为接纳，我比之前更爱惜花草，更懂得品味素食的味道，也比之前更低声细语，是我理解中最好的修行。

很多人问我有没有宗教信仰，我回答："我不是任何一个宗教的信徒，这不妨碍我是一个有信仰的人。"这也不妨碍我的书架上有《圣经》《古兰经》，还有老庄，各种佛经，各种神秘理论，各种中西流派的哲学、宗教神学、人类学、心理与精神分析、神圣几何，各种符号学，大量关于量子理论、天体物理、量子物理与意识研究交叉学科等方面的书，以及讲各种原始宗教的词典。

对无法了解、无法确认的事，任何人都没有资格去评判；更不能为了抹除某种可能性，而断绝任何可能性的发展。

当你抱着一种等待和观察的态度时，你就不会很快地生出傲慢心和嗔恨心。对于大部分人来说，最好的世界观就是延迟判断。或许某一天就懂了，态度比对事情的判断要重要得多。这种开放的态度背后代表着你对未知世界的敬畏。有了敬畏，你的傲慢就会化解，这也是一种修行。

坐忘的企业文化是生活就是道场，工作就是修行，产品就是经书，服务客人就是广度众生，让客人满意、自己赚到钱则是大圆满。以出世的心，做入世的事，做佛系人，修人间行。

此刻我坐在渐暗下来的房间里，窗外的树林显得格外沉静。一下午，不说话，置身事外，留着长辫品苦丁。这所房子和它的建造者，以及工作人员，还有待在里面的旅人，都呈现出了一种沉静的姿态。忘却自己的形体，忘了浮华的虚名，游于逍遥。

慧心谷 · 无边泳池

湖州慧心谷绿奢度假村联合创始人、总经理，人称“老文青阿杜”。从上海师范学校的一名教师到上海黄浦区的机关公务员，在仕途发展较为顺利的时候，于 1993 年到上海农工商实业公司担任总经理。1996 年，作为一个土生土长的浦东人，阿杜回归浦东，担任上海浦东国际文化传播有限公司总经理，一干就是 20 年。2016 年，一次偶然的机会，阿杜和相交 30 年的老朋友李耀强在湖州霞幕山发现了一处避世之地，创立了慧心谷绿奢度假村。在阿杜眼里，人生没有舒适圈。在每次进入舒适圈之后，他就会主动选择逃离，带着理想与情怀，走向人生的下一站。

杜永平

慧心谷 | 联合创始人、总经理

慧心谷，不远处的诗意生活

作为外行，要开发并管理一个高端度假村，我的确有点心虚，但 30 多年的工作经历又使我有底气。从决定辞职重新创业的那一刻起，我就告诫自己一定要注重品牌、注重品质、注重体验、注重市场、注重细节、注重团队。也许正是这种坚持，慧心谷的开发运营一直比较顺利。在那三年多时间里，我突然发现，我的人生轨迹和追求也在悄然改变：从为生活到为人生，从为小家到为大家，从为企业到为社会。

一场突如其来的考试

2020 年的冬天有点冷，新冠肺炎疫情让刚满一周岁的慧心谷经历了一场突如其来的考试。

2020 年 1 月 23 日，席卷全国的新冠肺炎疫情悄然而至，武汉封城，浙江启动新冠肺炎疫情防控一级响应。1 月 25 日，湖州市所有景区、酒店、度假村被全部关停。原本准备迎接春节小长假的慧心谷也被紧急按下了暂停键。

作为慧心谷绿奢度假村“老村长”的我，在不知道新冠肺炎疫情走向和持续多久的情况下，面对了重重困难和压力：客人退房、资金压力、员工彷徨……深思熟虑之后，我以慧心谷“老村长”的名义写了一封告知全体员工和客户的公开信，在这封信里，我做出了三个承诺：无条件退还客人预订款、新冠肺炎疫情期间不裁员、新冠肺炎疫情稳定度假村复工后不涨价。这三个坚定的承诺，稳定了慧心谷绿奢度假村的“军心”，获得了客人的理解与认可，也引起了社会的关注。

在这封公开信之后，慧心谷得到了来自各方的关怀与帮助。湖州市、吴兴区政府、银行、合作伙伴，甚至慧心谷的忠实客人，纷纷伸出援手，帮助慧心谷度过了开业以来最艰难的一个月。2月26日，新冠肺炎疫情得到有效控制，慧心谷在确保安全防护的前提下率先复工。

随后，慧心谷又开始面临另一个问题——如何在新冠肺炎疫情刚刚得到控制的时候，让对外出还心有余悸的游客前来度假？在外省客户无法前来的情况下，慧心谷推出了一系列针对湖州市场的推广：在当地各类媒体上进行宣传推介，在人流量集中的商场播放宣传片，在微信朋友圈投放广告，和湖州本土的自媒体合作……大量的渠道宣传和之前口碑的积累，一下子吸引了湖州的客户。3月14日，在很多酒店尚未复工复业时，慧心谷已经迎来了重新营业后的第一个满房日。

随着国内新冠肺炎疫情的稳定，跨地区的人员流动逐步放宽。慧心谷选择主动出击：与湖州市政府、吴兴区政府、携程联动在上海召开推介会，请来携程创始人梁建章直播，举办首届西塞山采茶节，与抖音、飞猪多平台合作直播，邀约小红书、媒体团等 KOL 做线下体验，及时恢复到新冠肺炎疫情前的正常房价，最终重新打开了市场。

慧心谷在新冠肺炎疫情期间通过市场推广迅速回暖，一房难求的现象引起了众多主流媒体的关注。在“两山理论”和“长三角一体化”的春风吹拂下，新华社、人民日报、中国日报等十多家主流媒体争相采访并报道慧心谷。2020年3月到8月，慧心谷每个月的销售业绩都超过了去年同期，同比增长了百分之三十以上。新冠肺炎疫情是场灾难，也是一场考试。慧心谷在政府的支持下，面对市场随机应变，通过整个团队的共同努力，交出了令人信服的答卷。

第二次握手

慧心谷绿奢度假村源于我和老友李耀强的“第二次握手”。

我和李耀强相识于青年时代，曾经共事多年，那是我们之间的“第一次握手”。后来，他进入了地产行业，我投身于文化产业。2016年，已经在地产界打拼了近20年的李总，第一次走进霞幕山就被新鲜的空气、浩瀚的竹林、原生态的自然环境所吸引。一次偶然的机会，李总和我提起了霞幕山的所见。

慧心谷·茶居别墅

慧心谷·山居别墅泳池

慧心谷·山居别墅客厅

听完李总的描述，我二话不说就跟着他进了山，走进霞幕山的那一刻，那未经雕琢的苍翠和宁静瞬间深深触动了我的内心，也触动了我心底深处对世外桃源的那份情怀。于是，当时已 53 岁的我再一次选择离开舒适圈，在本应“混到退休”的年纪选择了重新出发，再次创业。2017 年 1 月 1 日，我放下了文化公司的一切工作，辞去了所有的职务，走进了山里。

慧心谷在设计规划之初，正是民宿和度假酒店崛起的时候，各类木屋、草屋、民居、树屋如雨后春笋般涌现出来，很多朋友（包括设计师朋友）也给了我很多类似的建议。我的星座是天蝎座，星座特性是追求完美，对于从来没有酒店业从事经历的我，似乎不甘心“人云亦云”。茫然之中，我想起了曾在阿尔卑斯山住过的一家度假酒店，简约精致，宽敞舒适，尤其是通透的落地玻璃和超大的室外露台，给我留下了深刻的印象。

正所谓天遂人愿，在朋友的推荐下，我认识了一位德国包豪斯学院研究生毕业的资深德籍设计师，他在德国设计事务所工作了十多年，刚刚来到中国创业。巧的是，他也曾在我住过的那个阿尔卑斯山酒店里度过假。于是，一个依山而建、层层退台的精品酒店，一个沿山势而上、层叠有序的度假别墅群的轮廓渐渐呈现。慧心谷建成后，我给它取了一个好听的名字——德式山居。“不一样”的慧心谷启航了。

刚刚迈入文旅度假产业，对于初学者的我来说，一切都是未知的，在一个山谷里造一个度假村，是另一个维度的挑战。2017 年，当我拿着设计方案向各级领导汇报的时候，政府部门的领导问，这个方案你们能做出来吗？言下之意是，方案有些理想主义，在山坡上做几乎不可能。我当时半开玩笑半当真地说：“效果图是平面的，建筑是立体的，我们一定会比效果图做得更好。”

2017 年 4 月 28 日，伴随着挖掘机的隆隆声，慧心谷破土动工，我扎进了山里，决心把不可能变成现实。在慧心谷开发过程中，公司仅有 7 名员工，就是靠着这 7 名员工，完成了大到项目报批、工程监工，小到挑选每一个家具、每一棵树种的所有工作。面对许多和村民利益冲突的土地归属、祖坟迁徙等问题，我以诚相待，最终村民被我的热情所打动，一系列的开发工作得以顺利进行。正是那份内心的执着，总投资 3 个亿的慧心谷创造了 17 个月从动工到开业的业界奇迹。

客观地说，慧心谷之所以能够在短时间内拔地而起，得益于宏观政策的导向和当地政府的支持。在习近平总书记提出“绿水青山就是金山银山”的方针指导下，浙江省于 2016 年针对省内特殊的地貌出台了文旅开发的“坡地村镇点状供地”的试点开发模式，慧心谷也有幸被列入第一批试点项目之一。

新政策的出现总伴随着探索和坎坷，许多问题不仅是我们开发者第一次面临的，政府同样也在摸索着前行。让我记忆深刻的是，在慧心谷的建造期间，遇到的各种政策问题、审批问题，政府的工作人员总是在现场第一时间及时沟通、第一序列及时解决。慧心谷建成后，顺利地拿到了浙江省第一张“坡地村镇点状供地”项目的产权证。2020 年 8 月，该项目被评为浙江省“坡地村镇点状供地”的优秀试点项目。

慧心谷对我而言，不仅是一次创业历程，更是一段难以忘怀的人生历程。

从为生活到为人生

如果说我之前经历的工作是为了生活，那么慧心谷的创立过程更多地源于心中的那份情怀。为了让这个属

慧心谷 · 户外景观

于人生山水田园的梦想成真，也为了让来度假的客人有一次完美的度假体验，我做着外人看来难以理解的坚持。

2017 年在酒店选配软装时，为了选一张睡到不愿意起床的床垫，我和团队开启了“寻床”之路。一个月的时间，我们试睡了大大小小十来个品牌，太软、太硬的床垫纷纷被淘汰。最后选择了一款回弹速度快、软硬适度、对腰比较友好的知名品牌的床垫。如今来山里度假，睡一睡慧心谷的床，甚至成了很多客户二次度假的理由。

施工期间，有一次我回上海两天，回来后发现施工现场少了一片竹子。我冲着施工队就发起了火：“竹子没了，造好的房子有什么用，还会有客人来度假吗？”于是，我下令：“不经我同意，砍一根竹子罚款 1000 元。”所有施工队的人都笑我，有人说：“杜总疯了，既要我们赶进度，又不让我们砍竹子。”我的命令一下，施工难度急剧增加，施工成本急剧上升。直到慧心谷竣工运营，施工队再也没有乱砍竹子，罚款一分也没收到。后来慧心谷诞生了，留给游客的是一个隐逸在茶山竹海之间的度假村，当时的坚持总算有了回报。

2017 年中秋节，当一轮圆月从山谷里冒出来的时候，我拎着相机冲上了山顶，在已经装修好的山居露台上拍照，不经意间发现，当时房间里和露台上的灯光太散、太亮，形成了光污染。第二天，我就请来专业灯光设计师，对整个度假村的灯光进行重新设计，并按设计师要求更换全部灯光，让度假村变得更加温暖。这任性的一个改动，就增加了一百多万的投入。

山居别墅二楼露台上，原先放着一个大大的浴缸：它来自德国经典卫浴品牌，价格不菲，设计雅致，像太阳的形状，几乎没人怀疑它的完美。2018 年的第一场雪后，我正倚露台拍雪景，却无意中发现浴缸没有自动加热和按摩功能，这和我脑海里泡着温泉、喝着红酒、任漫天雪花飘落的情景相差甚远。于是我又召集设计师和工程人员探讨浴缸的更换事宜，功夫不负有心人，几经周折，终于从澳洲进口了专业的 SPA 按摩泡池。如今，露台的泡池比原先大了一圈，售价自然也贵了许多，每个高达 10 多万元。

在慧心谷的建设过程中，我做过很多“出格”的事情：把露台做得比室内空间还大，把浴缸搬到室外，把大城市才有的瑜伽室放到山顶。为了让度假这件事变得更有意思，也为了让客人有更好的体验，我竭尽全力。可以毫不夸张地说，慧心谷对于我而言，是人生的追求，尽管它并不完美。

从为小家到为大家

慧心谷于 2018 年 11 月 2 日试营业，2019 年 4 月 18 日正式营业。短短两年不到的时间里，慧心谷打破了度假酒店三年不能盈利的惯例，整个度假村一年后就进入了盈利期。

慧心谷现有160多个员工，在我的眼里，他们不是员工，而是家人。在面对他们时，我也更愿意当一个充满热情的“老村长”。闲暇时，我会和客服的小伙伴一起，充当度假村的“讲解员”，给客户讲霞幕山的故事；酒店最忙碌的时候，我会客串电瓶车驾驶员，载着客人上上下下；考察的时候，我会和年轻人一起爬一个礼拜的山……或许是我的这种热情感染了整个团队，现在的慧心谷充满了凝聚力和归属感，以及那一份属于慧心谷的“家”的情怀。

慧心谷，是属于所有慧心人的。

慧心谷·景观

从为企业到为社会

慧心谷所在的湖州市妙西镇，在慧心谷开发之前，是一个普通的山区小镇，过去以矿产为主，后来因生态保护红线关掉了所有矿山，一年四季，没有多少外人进出，更没有游客。随着乡村振兴战略的提出，妙西镇确立了以旅游度假为产业导向的发展思路，慧心谷是最早进山的项目，随着慧心谷等文旅度假项目的建设和营运，由旅游度假带动的周边产业也迅速发展，农家乐、土特产兴起，以往人烟稀少的现象一去不复返。

慧心谷·星空房

当慧心谷项目建设接近尾声进入筹备期后，招聘员工成了最大的难题，我不得不使出在文化产业领域里练就的创意策划的功力，先后大张旗鼓地开展了“寻找最美慧管家”和“妈妈喊你回家”两个系列活动，吸引了一批城里的年轻人和一批本乡本土村民的孩子，这些员工渐渐成了慧心谷运营的骨干力量。现在70%左右的慧心谷员工都是当地的村民和他们的孩子。

“绿水青山就是金山银山”。慧心谷的开发运营是一次很好的实践，慧心谷项目的土地流转让慧心谷所处的妙山村村民直接获益近2000万元；在建设期内，由当地村民承揽的工程绿化项目达到了3000万元，人工收入也有600多万元；当地村民在他们原来种菜、种竹收入并不减少的情况下，又在度假村找到了一份工作，收入倍增……现在，妙山村发生了巨大的变化，据村书记介绍，在慧心谷等文旅项目开发以来，村民先后建造了80多幢别墅，民宿、农家乐如雨后春笋般拔地而起，“乡村振兴”找到了可持续发展的路径。

慧心谷·品茗

我和李总最初走进山里，也许是为了企业的发展或者个人价值的体现。而到了今天，慧心谷更多的是承担着一份社会责任。

做一个有趣的人

在生活中，我是一个平平淡淡的人，完全没有工作中追求完美的冲动，也没有遇到困难时坚忍执着的勇气，只是希望自己能有一个有趣的人生，交有趣的朋友，做有趣的事情。 我的个人爱好是旅行、阅读和运动。我游历过 50 多个国家，去过南极和北极，也曾心血来潮去川藏南线自驾游，勉强算得上是探索过地球两极、欣赏过七大洲和四大洋风景的人。选择文旅度假产业作为事业的归宿，与我酷爱旅行有着莫大的关联。

年轻的时候，我喜欢和大人在一起，也许是为了快快长大。随着年龄慢慢递增，我更喜欢和年轻人待在一起，也许是为了保持年轻的心态。40 后、50 后从小夸我懂事，80 后、90 后夸我和他们没有代沟。在我“弃政从商”以后，我和 50 后、60 后、70 后、80 后、90 后都分别合伙开过公司，就是不知道还有没有机会和 00 后再合作一次。

做一个负责的人

我一直认为男人最优秀的品质就是做一个有责任的人。尤其到了我这个年龄，除了学生时代，无论是做教师、公务员，还是企业管理者，肩上担负的都是满满的责任，所以在工作中我从不懈怠。在家庭生活中亦是如此，所谓“上有老小有小”，无非是你应该承担起该承担的责任，所以在生活中我也丝毫不敢偷懒。

工作中，我努力做一个尽职的“小班长”。在慧心谷建造的两年里，为了随时跟进工程进度，一个月 30 天我几乎天天待在山里，风雨无阻，“老村长”的称呼由此而来。

家庭里，我尽心做一个称职的丈夫。我和夫人从结婚后一直有个约定，约定每年至少要有一次远离城市的旅行，携手去看世界的风景，因此无论再忙，我也会抽出时间和家人一起远行。

慧心谷，面向未来的生活方式

慧心谷，是一个未来生活方式的品牌。

随着人们生活水平的提升，休闲度假已经成了人们生活中的“第八件事”。文旅度假产业也已经进入了多元化市场的时代——从最开始的观光型度假，到之后的体验式度假，再到现在的各种沉浸式度假。整个文旅度假的产业也在逐渐细分，医疗、气候、生态、康复、休闲、养老、旅居等各种度假方式不断被探索和发掘出来，整个行业可以说是百花齐放。我喜欢从游客的角度思考这个市场。如果二十年前，人们的度假需求是观光，看没看过的风景，如果十年前人们的度假需求是体验，去未曾探索过的地方体验平常体验不到的生活经历，那么未来的度假需求是什么？在我的想象中，人们未来的度假动因是多元化、个性化、感性化的。可能因为脑海中一个值得记忆的场景，可能因为一次放空自己的冲动，也有可能是某一个寻找悸动的理由。它可以是和爱人一起看日出的风景，和儿子去爬山、看大海，也可以是和朋友一起去深山里喝个静心茶，所有这些都可以是说走就走的理由。那么，未来的文旅度假产品必然与我们的生活密切相关。文旅行业的从业者，也从简单的度假居所的搭建者变成了面向未来生活方式的创造者。

随着交通的逐渐便捷，5G 时代的来临，无人驾驶的推广，以前横亘在旅游项目的第一大难题——交通已经不再成为人们出门旅行的第一障碍。那么，未来文旅项目的核心在哪里？我的理解应该是有一个围绕当代人内心所需的动因。在建造慧心谷之初，我就在想，什么样的产品才能让当代都市人心动，我们大胆地用 “绿奢”理念取代了“五星级”。绿奢的含义是什么？对于长期生活在大都市的人来说，绿色是一种奢侈——在繁忙都市中，自然是稀缺的，蓝天是少见的；对于习惯快节奏的城市人来说，绿奢更是一种反思和回归——人有亲近自然、静心和放空的需求。这样的探索现在来看无疑是成功的，现在在慧心谷，你随时可以看到这样的客人——在某个周末，甚至是晚上，放下在城市里的工作，驱车两个小时，来到 PM2.5 为个位数、负氧离子 16000 个 / 立方厘米的竹海茶田里发呆。

把未来的生活方式带给城市人，是慧心谷开发的最终理想。

慧心谷，不远处的诗意生活

慧心谷是我第一次对文旅行业的探索，文旅度假项目不同于地产开发，它需要长时间的沉淀。有了慧心谷的经验之后，我对未来更加充满了期待。在 2020 年的计划中，慧心谷集团将开发一系列“慧心系”文旅度假产品，慧心谷是一个起点。

“慧心系”的第二个项目是位于台州占地约 1000 亩的一个独立的海湾，我给它取名为“慧心湾”，这是按慧心谷 2.0 标准打造的以海为主题的高端度假村。面向东海的曼妙海景，坐拥美丽的乌石沙滩，背靠自然的原始山林，还原一切脑海中关于大海的无边想象。未来，慧心谷集团将实现“山盟海誓”的情怀与梦想。

慧心谷・休闲区

大乐之野 · 余山岛

1983年生于上海，毕业于同济大学城市规划专业，大乐之野精品民宿的创始人、董事长兼CEO，莫干山民宿学院发起人之一、学院院长。

吉晓祥

大乐之野 | CEO

聚集美好的人，找到美好的地方，共同传递美好的生活方式

《山海经》中记载，上古传说的“大乐之野”是一片极为繁华的广袤地区，那里森林密布，山水秀美。后因上古众神争夺神位，在大乐之野展开血战。天帝一怒之下，将此地封闭，从此再无人能进入这片极乐之地。故后人称“大乐之野”为被遗忘的美好之地。我用“大乐之野”作为民宿的品牌，是为了让人们在匆忙赶路的过程中，不要遗忘身边美好的地方，要停下脚步，仔细享受生活的美好。

大乐之野的民宿之路可以用这句话来形容——始于情怀而不止于情怀，最终不忘情怀。民宿行业的发展源于对乡村的美好回忆和憧憬，让我们纷纷走上回乡这条路。去山里开民宿是多少人的梦想和情怀，而民宿行业的热潮源于这群人改变了乡村的面貌，让普通乡村不仅仅只有回忆和乡愁，还有舒适和美丽。

始于情怀（民宿）

我毕业于同济大学城市规划专业，是一个标准的工科男，曾经在规划设计行业做了7年设计工作，在“7年之痒”的时间节点，我选择离开事业单位来到乡村，开启了我的民宿之路。

一个城市的兴衰会受到历史人文环境以及社会等无数个因素的影响，而城市规划专业更多的则是从空间设计层面去影响城市的发展。

去山里开民宿，按照自己的想法并能够快速落地，自己喜欢且别人也喜欢，能够养活自己、养活家里人，这样的职业和生活规划本身就很美好。2013年，我和大学同学杨默涵来到莫干山的碧坞村，开启了我们第一家民宿的建设。创业初期时常有人问我："为什么要来村子里做民宿？"我的答案常常是"我们因山而来"。

对于一个出生在上海的孩子，"山"是有巨大诱惑力的一个词，也许是腻烦了螺丝钉的日子，也许是想追求不同的生活方式，也许是曾经的工作所带来的成就感已无法满足日益上涨的个人理想追求，总之，当年我们来到莫干山，建了几栋叫"大乐之野"的民宿，那时我们并没有把初心想得太清楚。所以我的答案总是很诗意而又捉摸不定——"我们因山而来"。

因山而来的理由看似很诗意，但从我们进入乡村创业开始，事情却并非如我们所想的那般风花雪月，第一个头痛的问题就是城乡之间的差异。首先是人手问题，在第一个村子碧坞村里，我们看不到任何年轻人，所以招不到任何年轻人来打工，整个村子只剩下老头、老太太，他们每天出门溜达，一天之内能和他们打上好几遍招呼。然后就是土地问题，村子里面的每一块地，哪怕只有一个平方米，也都是有主的，我们刚到村子租下了一栋宅基地，然后单纯地认为这栋房子的院子也自然属于租给我们的范畴。

在开工建设初期一切都进行得很顺利，直到房子装修得差不多了，院子也整修了一顿后，某一天早上凌晨四点，一阵急促敲打大门的声音把我吵醒，我衣衫不整地下楼，刚一开门，就有一根巨粗的棍子指着我的脑袋，背后是一张陌生且愤怒的老乡的脸，大声怒斥："你赶紧把工程给停了。"受到他的愤怒情绪的影响，我一阵哆嗦，睡意顿去，虽然被这样指脸大骂，我还是笑脸相迎。"大哥，有什么误会？""我不管，你先把工停了。"经过我的耐心询问，终于了解到我们改造的那个宅基地前面的院子，原来是由五户人家一分为五，各占一角，大概20年前，经过口头沟通无偿给了如今的房东使用，但房东把这个院子带房子一起租给我们时，却没有和他们打招呼或者分租金给他们，他们就很生气，于是前来讨个公道。

在中国乡村，土地问题异常敏感，同村老乡之间的土地纠纷可以追溯几十年却仍然没有一个定论，但在没有外来者进来之前，同村老乡可以维系一个非常微妙的平衡关系，一旦外来者进入，就会打破这种平衡关系，导致利益冲突，严重者甚至会出现用钱也无法解决的冲突局面。

再就是关于处事方式的差异，乡村人非常讲感情，而城里比较讲规则。中国乡村大部分还是以情感和姓氏血脉维系的熟人社会，对于初来乍到的我来说会有很多不习惯的地方。

举个例子，刚开始总有隔壁房的大爷、大婶打招呼邀请我进去他们屋坐会儿，磕个瓜子、吃个饭，而在上海出生的我一般都会微笑感谢并委婉拒绝，上海人请客人留下吃饭大多都是礼貌性的，很少有人真的会留下来吃饭，一是临时准备未必周全，二是上海节奏较快，俗事缠身居多，所以一般客气客气就结束了。几次礼貌性婉拒后，我发现这家人对我明显有了一些疏远或者敌意，后来时间久了，在不经意的机会中才了解到，我的这种礼貌性的婉拒被认为是看不起他们家。

之后我便改变了很多，有事没事就上老乡家坐坐，磕个瓜子聊聊天，如果恰逢饭点也会不客气地留下吃个便饭，有事没事也邀请他们上我家礼尚往来，时间久了，我就真正地融入了这个村子，每一个老乡都熟悉，了解到谁家孩子在哪里打工、谁家和谁家关系不好、谁家的红烧肉做得特别好吃，我便在异乡找到了家乡的感觉。老乡也特别照顾我，在他们的印象中，我一个上海人来到外乡创业是非常不容易的，能够给这个没有人气的村子带来这么多游客，能让他们有一些额外的经济收入，比如卖土鸡、卖笋获得的收益，他们也很感激我。

我认为在村子里，得到当地邻居的支持和帮助，是做乡村民宿很重要的基础。后来民宿行业发展如火如荼，凡是邻里关系处理不好的，大多举步维艰，毕竟这是一个偏感性的熟人社会。

一眨眼两年过去了，我们意外地发现了这个村子的变化。

第一个变化是外来者的加入，我们招来了五湖四海的小伙伴（以 90 后为主），他们喜欢乡村和自然，喜欢民宿行业的美好体验，他们有着能够感染我们的年轻活力和热情。因为他们的出现，碧坞村呈现出生机和活力。

第二个变化是房子的改造，村子里的其他民宅效仿我们开启了一个又一个崭新的民宿，整个村子不再是最初的模样，随着各种设计师的加入，村子变得更美了，同时也注入了更多不同的业态，如餐厅、农园、茶室、咖啡馆等，变得有趣而丰富。

第三个变化则是本村年轻人的变化，也是最令我激动的变化。2012 年刚来这个村子的时候，整村见不到一个年轻人，只剩老人。然而两年后，我遇到了一位应聘店长岗位的年轻人。他是这个村子的小伙子，大学考到了杭州，毕业后在杭州辗转了几个工作，忽然发现老家有这样一个职位在招聘——民宿店长。他想和一群有趣的年轻人一起为乡村生活代言，于是抱着试试看的态度投了这份简历。

年轻人的回归，才是乡村振兴真正的火苗，这时候我对自己的这份创业有了新的认知，而关于"你为何而来"的答案，我改成了"我们因这群年轻人而来"。

不止于情怀（民宿连锁和宿集）

当我们有了团队，我们也找到了共同的价值观和理想，就是将这种美好的乡村生活方式传递出去，共聚更多美好的人，找到更多美好的地方。

所以，做连锁品牌民宿，成了从 2015 年开始的大乐之野新阶段的目标，标准化，规模化。最初做民宿是因为小而美、非标个性化，然而我们却要走连锁品牌标准化、规模化的道路，这在当时是非常困难的一个决策。

大乐之野・锦溪

让我下决心做这件事情的动力是几份连续递交上来的离职申请，从第一个跟着我做品牌的小姑娘到后来加入的店长，他们离职的理由都有一个共同点，就是这份工作过于单一而又没有学习、进步的空间。

我开始反思我们的这份事业，因为共同的爱好我们聚在了一起，却又因为明显的职业瓶颈，我们不得不江湖再见。情怀让我们相聚，而继续前行则让我意识到我得做一些改变，让这份事业不止于情怀。

2015 年至今，我们翻山越岭，从一个村子到另一个村子，从高山到海边，从湖畔到田野，寻找一个又一个美好的大乐之野，从当年一个店到后来十几个店，从最初的两个大学同学到后来的几百个年轻人的公司，我们经历了乡村旅游和民宿行业的各种挫折和各种机遇。

在开店的同时，我们也鼓励公司年轻人在体系内独立创业，涉足和整个乡村体验相关的业态。最早的“野有咖”，是一个德清姑娘和我们一起做的咖啡馆，可以让每一家大乐之野的客人喝到好喝的咖啡。

“野有集”设计部的一个姑娘做的艺术杂货铺，线上线下同步为大家挑选美好的山货美食和手工作品，贺兰山的红酒、黄山碧山精酿啤酒、莫干山笋、舟山海鲜等都一一带给信任大乐之野和喜欢大乐之野的朋友们。

那时，在莫干山也渐渐发生了一些变化，莫干山民宿成了当时全国的一个热点，所有人都好奇莫干山民宿卖上千元一晚的原因。物以类聚，人以群分，因为我们的到来也吸引了大量热爱乡村山林的年轻人来到莫干山创业，本来我们是寻找心中桃花源，寻觅鸡犬相闻、阡陌人家的遗世美好，然而莫干山却演变成了现代乌托邦，这里的人来自五湖四海，志趣相投，创办各种类型的民宿，做各种类型的餐饮。我们这群外来人闲暇相聚、围炉夜话，聊各自的生意，聊行业发展。

在一个很普通的夜晚，我和几个民宿老板围着火炉，喝着小酒，萌生了发起一个“民宿联盟”的想法，这个联盟应该为莫干山民宿做一些事情。比如，整个莫干山民宿品牌的宣传，不仅仅是单家民宿自己的宣传；为莫干山民宿做一些配套的设施，自然教育、亲子乐园或者户外运动；做一些培训工作，为行业里的管家和阿姨提供专业的技术培训。

这个“宿盟”的发起成为后来民宿发展模式转变的一个非常重要的里程碑。因为大家发现，这个行业因为小而美而快速发展起来，然而也因为小而美而遇到发展瓶颈，形成集群一起去解决单家民宿无法解决的问题，似乎成了大家对这个行业未来的共识。

“让乡村生活更美好”不仅仅是句口号，还需要更在地的文化挖掘和更丰富有趣的客户体验。这种开店规模与在地体验相结合的商业模式，让我们走在了行业的前面。然而貌似有前景的商业模式毫不意外地再次遇到了瓶颈，那就是“规模不经济”的状况。

不忘情怀（活化的新村落）

当我们在不断扩大规模、增加流水的商业逻辑推动中，门店一点点变多，却也越来越辛苦，这似乎是一条看不到尽头的不归路，最主要的瓶颈是虽然规模变大了，但却没有产生预想的规模效益，“规模不经济”成了这个行业、这种商业模式道路上最大的痛点。

为了弥补民宿单店体量太小的问题，我们开始尝试在莫干山酝酿民宿集群模式，即邀请多家民宿同时落地一个乡村，互相弥补各自体量太小导致的问题，比如体验配套不足、营销成本过高、政府不重视导致基础设施条件差，等等。

民宿集群在 2019 年出现了一个现象级的产品，宁夏中卫的腾格里沙漠边上诞生了一个“黄河宿集”，紧临黄河和沙漠，落户了五家民宿品牌——“大乐之野”“西坡”“南岸”“飞蔦集”，以及“墟里”。黄河宿集的落地改变了宁夏半年没有度假客的历史，这个产品无论是在配套设施、地方建筑特色，还是五家联合的品牌营销上都产生了非常巨大的化学反应，直接让整个乡村旅游行业爆红。2019 年全年，在宁夏中卫的沙漠黄河边，这个小村子的全年入住率达到了 80%~90%，往年这边冬天无人问津，如今游客络绎不绝。

黄河宿集的成功，让这个行业从业者精神一振，并看到了未来发展的一个方向。从选址开始就有意识地寻找能够落地民宿集群的地方，秦岭宿集、草原宿集、崇左宿集等民宿集群在全国各地大好河山纷纷落地。乡村的未来是否会以这样的形态呈现？目前我们暂时没有答案。

2020 年年初，这场世界范围的新冠肺炎疫情让我们感受到了市场的冷酷和创业的巨大风险，我赋闲在家 2 个多月，闲下来后的心态也有所变化和调整。某一天和朋友聊天，忽然蹦出一句话：“我们得为这个世界做点什么，而不是一味地索取。”我开始回忆做民宿的初心，“我们因山而来”，我们是不是可以对山付出更多，而不是一味地索取呢？

既然不同区域连锁的针灸模式不能解决规模经济的痛点，那我何不在一个乡村把这件事做得更垂直深入一些，把规模做得更大一些，把配套做得更丰富一些，也能更好地为当下这个村子做更多的事情。如何才能做得更深入、更丰富呢？我觉得只有通过文化引领才能起到这个作用。

基于这个想法，2020 年，公司定了一个新的方向，就是能够做一个活化的新村落，这个活化的新村落最大的特点是以复兴乡村的在地文化为切入点来引领乡村的发展。

大乐之野·绿山墙

大乐之野·谷舍

大乐之野·余山岛

“年轻人 + 民宿 + 配套 + 在地文化 = 活化的新村落”，这是我个人理解的行业未来发展的路径等式，想明白这个等式之后，我们便迫不及待在 2019 年黄河宿集的基础上再做一些升级尝试。首先是升级这个目的地的规模，没有一定的规模是无法承载文化复兴和产业多样性的。

其次是改变这个目的地的性质，它不仅仅只有旅游场景，旅游本质上是有潮汐性的，旺季时候热闹非凡，而淡季时候人去楼空，这样的场景模式并不是这个目的地真正想要的，我们应该为其增加更多的生活场景，只有生活在此的人才能表达出在地的文化性，所以我们得增加一部分可常居的住宿产品，吸引生活方式多样、拥有不同才华和理想的人进驻。

一旦生活场景成熟，带来的是这个村落的文化复兴，反过来又可以刺激旅游场景的常态化，增加旅游频次，降低淡旺季影响，这样才能真正从宿集升级为我理想中的活化的新村落，而这个村落的出现希望能成为真正的乡村振兴的示范，再通过这个示范吸引更多的年轻人回到乡村，只有他们回到乡村，并在其中找到适合自己的工作和生活，并参与到这个乡村更深层次的产业生态圈，不仅仅是民宿这个单一产业，而是放眼整个乡村的产业生态，才能最终形成一个可持续的回乡进城的良性循环。乡村不应该是一个被遗忘的地方，希望乡村能成为大循环中的一个环节，创造出更多经济上、文化上的可能性。

2013—2020 年，我们经过了 7 年的创业，活跃在乡村民宿这个领域之中，我们聚集了一群向往乡村美好生活的年轻人，在未来的 7 年时间，我希望我们能够和这群人继续同行，能够活跃在越来越多的村子中，并且更深入地与乡村的振兴共同前行，民宿是乡村振兴的入口，而我们要做的不仅仅是入口，希望乡村会变成一片更广阔的舞台。

正如大乐之野的口号——寻找被遗忘的美好之地，聚集美好的人，再造美好的生活方式。

结语

文中描写的很多人和故事，包括一些观点，都是真实发生的且还在继续发生，包括我对公司未来的计划和想法也可能会在今后的过程中做调整，为避免引起误会，文中提到的人都不显名，一些言论或观点也出自行业内不同的人，我以记录的形式表达出来，如有雷同或者不当的叙述请见谅。

比如“民宿是乡村振兴的入口”，据我记忆，最早是夏雨清口述所得，比如“民宿行业始于情怀不止于情怀，最终要不忘情怀”，是源于一次和朱胜萱的聊天，最后“不忘情怀”则是松阳县王峻书记所加，以提醒我们不要过于商业化。

特别感谢在做民宿的这 7 年里所有同行者和我的合伙人，从他们身上学到了很多，希望未来的 7 年，大乐之野和民宿行业能继续共同前行，画出更美好的乡村蓝图。

有戏・北京国展店

有戏电影酒店董事长兼CEO，清华大学EMBA在读，中国社会科学院研究生院MBA学生会主席，投资经营百余家酒店，具有丰富的酒店管理经验。2020年，担任中国饭店协会文化主题饭店专业委员会理事长。

贾超

有戏电影酒店 | 董事长、CEO

沉潜蓄势，厚积薄发
——文化主题酒店的谋定而后动

“成功的秘诀，在于随时随地把握时机。”这是我经常挂在嘴边的一句话。

人生没有开挂，有的只是厚积薄发

我是贾超，生于河北保定一个小康之家，那时母亲是一家事业单位的会计，父亲从事运输工作。8岁那年，家里开始做旅店，一家人吃住基本都在店里。因为靠近火车站，天南地北、三教九流的人都会来住店，有时候我会跟他们一起吃饭、聊天，这些客人会把自己的经历讲给我听，比如如何赚钱，为何失败，我就是经常听着这样的故事，在复杂的环境里慢慢长大的。

由于经营旅店相对来说赚钱些，母亲就从事业单位辞职，专门看店和管账，父亲也从运输岗位换到比较清闲的后勤岗位，负责旅店维修方面的事情。俩人虽然忙碌，但依然很注重对我的教育，也会教我生意方面的一些处理方式：选择一件事就要专心去做好，不能半途而废。在母亲的耳濡目染之下我慢慢养成了“言必信、行必果”的好习惯。

到了高中阶段，我便开始在店里帮忙，从装修到做账都会接触，积累了一定的商业经验，同时我的学习成绩也一直名列前茅。我的父亲不善言谈，也不爱表达情感，经常以身作则，教我怎样做人。

后来，我考上河北大学通信工程专业，辅修法学。由于品学兼优，我成了学生会主席，同时也是班长，由此接触到的人群和资源也发生了变化。大学期间，我发现了许多商业线索，毕业之前就赚到了人生中的第一个 100 万。

当时赚钱没有章法可循，属于“什么赚钱做什么”。我们学校很多学生都来自秦皇岛和唐山，学期结束后，从保定回去并不方便，也没有通高铁，我就联系了一家租车公司，为一些没抢到票的同学提供包车服务，价格比他们自己单独去买票要便宜。除了租车，我还做过电话卡的生意，只要有学生买卡，我就能获得相应提成，这项挣钱路径至今仍然见于许多大学校园。

有戏 · 保定东站店

靠着亲戚、朋友的资金，我赚了一笔钱，然后就开始倒卖房子。那时候国内的房地产市场进入最后的热潮。最疯狂的那段时间，每个月我都会卖出一两套房。便宜买进房子之后，简单装修，刷墙、换门、换床，然后加价卖出去。因为高中时就帮家里忙装修的事情，我对装修方面有所了解。那段时间趁着房地产最后一波红利时期，赚得盆满钵满，自己买了两套房子，这些都是我在大学期间的事迹！

有戏 · 青春版团伙房

2008 年毕业以后，房地产的生意我就没再做。我找了一份专业对口的工作，在一家电气公司做市场经理，成功避开了下半年的万科降价门和房地产全行业亏损。

由于电气公司业务范围是华北区，我需要去河北、北京、天津出差，因此经常住酒店。那时候快捷酒店刚刚在保定兴起，价格并没有想象中的低廉。而自家开在保定火车站附近的酒店，价格在 200 元左右，比当时发展较快的两家连锁快捷酒店都要便宜，入住率很高，每天都接近满房。

有戏 · 南昌店

如火如荼的快捷酒店扩张态势让我也兴起了做酒店的念头——毕竟，自己也勉强算是酒店世家，又呈现出快速上涨的行业态势。当时在新开的快捷酒店附近有一家酒店，面积大概有 1600 平方米，正在寻求转让，我心动了。

我把大学赚的 100 万全部拿出来，那时买的两套房子，创业卖了一套，留一套自住，凑出两百多万，便辞职开始了酒店创业生涯。2009 年 8 月，我敲定了所有事，签合同。9 月 1 日，我名下的第一家酒店开始装修，开业时间却是 2010 年的元旦。这期间整整 4 个月，我几乎都在工地，每天比工人先到，比工人晚走，没有一丝的放松。

装修完成后，酒店大变模样。当时酒店的每间客房投资普遍在千元级别，用锦江之星董事长徐祖荣的话来说，就是“一星的墙、二星的堂、三星的房、四星的床”。而我盘下的这家酒店已经初具酒店雏形，没有大动格局，而是把大部分钱都用在了客房里，每间房不过十四五平方米，投资却超过万元。

钱花在了消费者看得见的地方，自然会有所回报。尽管面积比快捷酒店 20 平方米以上的房间小，但是装修并不逊色，价格还要便宜近百元，价格低的房间不到 200 元，元旦开业十多天后，我的第一家酒店就迎来满房。这给了我极大的自信和满足感，因为之前的一些生意，要么是凭借学校的资源，要么是靠亲戚帮助，这一次，是我真正脱离所有关系，独立经营所取得的成就，这奠定了我在酒店行业的从业信心。

第一家酒店成功运营以后，2011 年我又开了两家店，一切都好像顺风顺水。我踌躇满志，给自己定下一个目标：每年门店数量和团队人数都要以 3 倍的速度发展！ 2010 年 1 家店 10 个人，2011 年 3 家店 30 多人，2012 年 9 家店 90 多人。

规模大了，管理问题也随之而来。因为没有区域总经理，我每天忙得不可开交，除了日常的事务之外，我每天还要去各个门店巡查，检查员工形象、客房整理情况，一个门店的巡查时间大概需要十多分钟。如果在门店发现问题我就会拍照发到群里，让门店的店长去解决。一个人把所有门店巡查一遍，每天至少要花费 2 个小时，有时候晚上跟朋友吃完饭都 10 点多了，我还是会去门店看一圈，每天巡查门店已经成了我的习惯。

巡查、质检等任务全部由我自己完成，说到底，我还是缺乏专业的酒店管理知识。如果只是追求温饱，做小型的连锁店，我已经不需要再努力了。

但是我发现酒店行业发展迅速，在我正式经营酒店的那几年间，形势在不断变化，我经营的小型连锁酒店虽然赚钱，但没有建立品牌，当时连名字都是随便取的，每家店的名字各不相同，宛如“杂牌军”。正当年的我不允许自己选择安逸，看着那些“正规军”日益出名，我决定去找他们取经，学习专业的酒店管理经验，再着手整编自己的队伍。

因此，从 2012 年开始，我步入自己事业生涯的“偷师学艺”时期，将当时经营的一部分酒店加盟了势头正猛的 5 个连锁酒店品牌，获得了这些品牌的资料，我又不断地去这些品牌的总部学习，摸清酒店的管理制度、系统运作、团队搭建等，并提高自己的酒店运营能力。那时我就像一块海绵一样，不断查阅资料、参加培训、认识同行，一点一点吸收知识、经验、资源。

创业导师成投资方，圆梦电影酒店

2014年，共青团保定市委、保定市工商业联合会多部门联合开展“百千万创业就业工程”暨第二届大学生训练营公益活动，组织100名来自企业的创业导师，支持高校1000个创业团队，帮助10000名大学生就业创业，我正好是这100名创业导师之一。在这次活动现场，我不仅获得了“保定市创业之星”的称号，还作为导师代表，在启动仪式上发表了“我的十年”主题演讲，给大学生分享成功创业的经验。

在这之后，我又成为河北省大学生创业导师，被许多学校聘为创业导师，邀请去讲课，母校河北大学也是其中一员。2014年，当我在母校完成一场演讲后，7个学弟、学妹找到我，请我帮忙指导创业方向，如果可能，他们最想参与投资。学弟、学妹的想法是做相对低廉的电影旅店，这只是一个最初的设想，没有完全成型。看着这帮刚刚大二、大三的年轻人，无法不想起自己当年创业时的情景，而且，酒店快速扩张的复制模式让我略感疲倦，这群年轻人的想法唤起了我的激情。

这颗种子在我的心里种下，默默生长，这促使我迈出了布局电影酒店的第一步。考虑到市场中连锁酒店饱和，客房的入住率和利润空间都在不断下降，再去切入经济型酒店市场非常困难，不适合新手创业者。当时，我创办的酒店加盟了一个中端品牌，我认为中端酒店才是未来的利润所在，于是我把电影酒店定位调整成了中高端连锁。

确定好了就去做，我的团队核心成员基本都是80后、90后，目标一致，想要做出“更有趣的酒店”，定位中高端连锁，主推年轻人。所以我把电影酒店的第一家旗舰店选在母校河北大学新校区旁边，将大堂装修成电影院，走廊地毯有黑白胶片图案，依照热播电影装饰主题房。在设备布置上也下了功夫，专利隔音系统，5.1声道环绕音响，133寸高清屏幕……河北保定东站店也很快落实。如此新颖的项目很快在当地传开，变成了一种文化潮流，并受到市长、省委领导的多重肯定和鼓励。

保定东站店运营成功以后，我开始进一步思考电影酒店的发展方向，我认为电影酒店绝不能只在河北发展，而是要面向全国市场。放眼全国，哪里更适合拓展电影酒店？哪里的文化氛围更浓？没有比北京更适合的了。我想把整个团队带去北京，在北京开第二家电影酒店。

进京发展，资金问题是第一道门槛，幸运的是我之前做过一些投资，认识一些投资伙伴，我将我的想法和规划告诉他们，聊了不到半个小时，就有了第一笔资金 800 万。直到现在回忆起当时，仍然感觉幸运，这笔款项只是用品牌去融资，不涉及门店，可见当时电影酒店被资本看好的程度。拿到这笔投资，我带着最初的团队离开保定，到了首都北京。北京的创业成本很高，随便一个地方物业费都要上千万，所以前期的 800 万实际上是不够在北京落地一家门店的。到北京之后的几个月，都处于熟悉地域的状态，还需要寻求更多资金，所以暂时没有做出成绩来。也许投资人见多了这样的状况，并没有什么意见，但是年轻的团队内部却撑不住了。

2017 年年初，团队内部开始发生分歧，一部分人想要回保定开拓市场，一部分人萌生了退出的想法，但我还是坚持留在北京。那段时间，团队内部的沟通和工作都处在低迷状态，虽然在河北签下几家加盟店，但北京的门店迟迟没有落地，还是影响了团队信心。整个团队急需用一场胜仗来凝聚人心。

绝处总能逢生，一次偶然的机会，我选中了位于丰台区小井广安路的安阳大厦，和大厦建立了合作关系。不能不说这是一场小胜仗，但是 800 万资金已经全部花完了，后期改造的钱还不知在何处。

我就拿自己的私人资金往里面投，一百万花完再拿一百万。这期间，甚至有原始股东不支持，想要退出，我就把这些股份全部接手过来，以一己之力维持整个团队的运转。前前后后我投资了私人资金接近 3000 万，万分困难地让这家北京直营店落地，在济南也开了一家直营店，加上保定那家，整个团队从进京到 2017 年结束，就只有这三家直营店开业。

有戏 · 保定东站店

一点点往里面投钱的同时，我也开始了积极寻找投资人之路。2017 年年底，我接触到一个业界非常有名的投资机构，就是携程、如家、汉庭等住宿企业及百度、搜狐、腾讯 QQ、当当等网站的早期投资者——IDG 资本。经过深度沟通，2018 年 4 月，我们正式对外宣布，有戏电影酒店获得由 IDG 领投、不惑创投及创始团队跟投的 A 轮融资，融资金额高达 1 亿元人民币。一时间，有戏闻名酒店行业。

在阳光灿烂的日子里修屋顶

整个 2018 年，有戏步入正轨，发展速度一路狂奔，北京直营店落地之后，上海、广州、深圳都有门店签约了，我又开始进攻省会城市。当时，我定下了拓展的两个战略，一个是打通京广、京沪两条线，另一个是采用城市代理模式进行扩张。

除了战略到位，还需要整个有戏电影酒店团队的不断创新，不断迭代产品，不断解决问题，从而给门店拓展奠定强大的业绩支持。当时，在已经落地的门店中，原本测算需要三年才能收回成本的门店，一年半就回本了，原本测算需要两年收回成本的店，一年就回本了，实际的市场认可度比预期的还要好，价格高，入住率高，复购率也高。

在最早的门店落地环节，整个团队意识到隔音将会是一个大问题。既然主打电影主题酒店，客人住进来后很大概率会看电影，而且播放的电影类型有所不同，有人爱看恐怖片，有人爱看枪战片，有人爱看爱情片，这些影片的声音绝对不能相互影响，否则，住客的入住体验将会大打折扣。

有戏 · 雅致版大堂

做样板间时，因为隔音问题将墙拆装数次，墙壁从 7 厘米加厚到 30 厘米，材料也换了很多种，仍然达不到很好的隔音效果。测试时，在几个房间播放不同类型的电影，仍然能够相互影响。最后，找到了隔音领域的专家，才终于知道并不是厚度问题，而是要用三种不同的材料来混合做隔音墙，才能达到最好的隔音效果。经过多次测试我们创新出来的隔音系统已经申请了专利，正是这样踏实的做事态度和推陈出新的创新精神，让有戏不断获得住客的肯定，复购率远超业内。

2018 年有戏一共签约了 300 多家店，其中绝大部分都还没有落地，快速扩张的规模让我深觉团队的管理服务完全跟不上，不得不大量扩招人员。由于中端酒店价格比经济型酒店贵，入住率又比五星酒店高，综合优势让当时各大酒店集团纷纷往中端酒店发展，在北京、上海、广州、深圳，很多适合做中端酒店的物业，其价格一路飙升，已经涨到每平方米 180 元/月。综合以上原因，我做出了在 2019 年年初“踩刹车”的决定——把发展势头放缓。将拿到的数千万元融资除了一部分用于门店拓展外，更多地用在技术开发和团队建设上。2019 年，有戏签约的加盟店数量为 120 家，尽管依旧很多，但远远少于 2018 年的数量。

2019 年上半年，我开始增强有戏开发端、筹建端、运营端等各个端口的团队，副总裁韩有发就是在这时受邀进入有戏的，他负责控制工程的造价和质量，建立供应链体系。

这一时期，尽管放缓了扩张脚步，但签约门店仍在一间间增多，我开始思考有戏核心竞争力的问题，如果只是简单地复制店面，别人也可以做，有戏没有任何优势。

我们开始寻找一些可以为电影酒店赋能的公司，与它们合作，或者干脆投资它们。期间有戏签约了一些影视公司、明星经纪人，邀请他们来到酒店做演出，或者直播互动，而有戏则可以为这些影视公司和明星的新片宣发做屏幕同步。在第八届中国饭店协会文化节上，我们不仅发布了融资消息，同时也与西安电影制片厂旗下《大话西游》IP 达成战略合作，进行深度开发，包括《大话西游》周边文创产品、主题房间、明星签名照、伴手礼等。

这次文化节上，还解决了困扰我良久的版权问题。一开始，有戏的原始模式是客户可以自带电影随便播放，但很快，这种无视版权的做法被有关部门叫停。之后，有戏一直在全国范围内寻找拥有电影版权的合作厂家，与中影集团、北京电影学院等签署了协议，拿到正版片源，并且将有戏播放电影的模式从本地改到云端，每周可以更新 30 部左右的影片。

电影 IP 可以正式商用后，我对门店的主题房全部做了调整，将原来 60~70 种主题浓缩为 10 种主题，每个主题在一个门店只有两间房。主题也不是随便选择的，而是在以往观影记录中，选择顾客最喜欢的 10 部影片作为房间主题。根据地域的不同，我还会要求适当地加入不同特色的主题，比如广东地区会选择 1~2 部粤语片 IP。

通过大数据显示，来住主题房的基本都是情侣和家庭客人，比例在 40% 左右，用这个比例做文章，把主题房调整到 20%，这样一来，主题房就变成了卖方市场，40% 的住客去平台抢 20% 的主题房间，品牌的溢价能力提高，拉高了剩下 80% 的商务房的价格。

版权的问题解决之后，我在团队中提出了“突破百分百入住率”的概念。对于传统酒店来说，客房收入占据酒店收入的绝大部分，基本上满房入住率的营业额是一家酒店盈利的天花板，顶多再加上餐饮，或者一些新零售收入。但在我运作的模式之下，酒店客房可以“翻台”，像餐厅一样，迎来一拨客人，收拾一下，再迎接下一拨客人，晚上还能住宿。只要“翻台率”够高，就能够突破 100% 的入住率，达到 200%、300%、400%，乃至 500%。这不是悬在空中的概念，有戏的部分门店已经实现了 200% 以上的入住率，靠的就是钟点房“翻台”。

这种模式比普通的钟点房更能吸引本地的住客，但是也给房间的清扫带来一定的困难。为了满足高“翻台率”，有戏采购的布草比普通酒店要多，来满足布草一客一换的需求。

在有戏迭代的过程中，电影酒店这条赛道之上也出现了其他赛车，各大连锁品牌纷纷下场开始做电影酒店。这时，有戏品牌的竞争力又在哪呢？其一，有戏的团队做电影酒店研究和落地比较早，从整个流程上来说相对专业；其二，有戏在做酒店的过程中积累了一些资源，包括片源、明星资源等；其三，有戏在产品迭代上真正实践过，了解哪些物品容易坏，哪些需要及时更新。其中最核心的是片源系统和明星资源。与此同时，有戏也正在布局不同文化属性的泛住宿业，包括电竞、动漫、音乐等，与文化类型的酒店合作或合并，将来打造一个多 IP 的文化酒店集团，以数量和沉浸体验为核心，刷新业内认知。我相信，未来 5~10 年是文化主题酒店的爆发期，有戏团队正铆足精神，迎接下一波浪潮。

脚踏实地，仰望火星

纵观有戏的整个发展生涯，有过挫折，也有赞扬，更多的是对有戏这个品牌的历练。我相信，凡是过往，皆为序章。酒店是传统行业，需要有创新意识的人、创新的理念、创新的模式去改变。我很喜欢我们这群有活力的团队，整个团队都带着一股年轻人的傲气，就觉得有戏是最牛的，爱玩、爱创新、爱电影的那股劲让人觉得，创业路上的所有困难都不算困难，只要想解决就都能解决。

创业之初，整个团队在选择酒店装修风格和电影类型时，我定了一个略带年龄歧视色彩的规定——三十岁以上的人不能参与决策。当时创始团队只有我一个人超过三十岁，所以我的建议被排除在外。最后装修风格出来时，我一看就心里打鼓：“这行不行啊，感觉有点酷炫。”团队里的年轻人回答：“我们就喜欢这样的。”我抱着死马当活马医的心态：“行吧，反正都是你们消费。”当然，这帮年轻人的特权没有享受几年，当整个有戏进行数字化管理以后，所有的装修风格、主题 IP 都由大数据来定，哪种消费者最多，就选哪种。

有戏团队内部称呼类似阿里巴巴，都有自己的花名，只不过阿里巴巴取的是金庸武侠小说里的人物名字，而有戏则使用电影中的角色名。我自己的花名就是“超人”，一方面，是我的名字带“超”字，另一方面，超人代表了一种勇气和能力。

我个人很喜欢科幻电影大片，也很享受能预测未来的感觉，常常跟团队里的人说，要把有戏开到火星上去！这个带着浓厚浪漫主义色彩的目标背后有三层含义：第一，做好小小服务员，在还没有把有戏开到火星上之前，仍然需要做好基础工作，脚踏实地，仰望火星；第二，期待有戏能做成百年企业，人类科技要发展到能够在火星上开酒店的时间，预计至少还需要一百年；第三，之所以要开到火星上去，是因为有戏已经开满了地球，只能开到火星上去，未来的征途是星辰大海，浩瀚宇宙！

有戏 · 青春版星空之浴

既下山 · 梅里 · 建筑外貌

行李旅宿创始人兼CEO，瓦当瓦舍、既下山、咏归川品牌创始人。2016年受邀担任中国饭店协会民宿委员会副理事长。2017年，赖国平先生入选2017GQ年度人物，获得年度旅游创意奖。2019年既下山·梅里面世，酒店入列Design Hotels联盟，同年获得“最佳世外之境大奖”，并于2020年荣获AHEAD ASIA 2020 Best Hotel Conversion。

赖国平

行李旅宿 | 创始人、CEO

凝炼目的地精神，开辟旅宿一体时代的到来

赖国平先生曾是4A国际广告机构创意总监。2007年，赖国平先生在重庆拥有了他的第一家旅社，以“旅行社交”为初心为旅行者提供住宿和旅游指导等综合服务。以第一家店为基础，经过累积、改进和试错，逐渐形成了酒店品牌——瓦当瓦舍。

从不畏惧挑战和极具前瞻性眼光的赖国平先生，于2016年又创立了目的地度假美学酒店品牌“既下山”，致力于寻找极致的目的地，提供极致的度假体验，满足高端旅游度假需求。“既下山”品牌已多次受到建筑设计、旅行、生活方式等领域权威媒体及机构报道，受到人们高度的评价和喜爱，同时他又创办了“行李与一千个村庄”地道风物品牌，与酒店、路线产品一起构成完整的旅行住宿体验闭环。

为了共同推进酒店业和大旅游网络的更好发展，2016年9月，赖国平先生带领团队完成戈壁创投A轮千万级融资，集团就此迈上了一个新的台阶。2017年赖国平先生正式提出“旅宿”理念，并将“行李旅宿”定义为“结合旅行和社交文化的一站式旅宿网络服务平台”。

筚路蓝缕——行李旅宿的脚印

从上大学开始，我就是一名背包客。2005 年，我背包去西藏玩了两个多月，深入到墨脱、普兰、阿里等处于西藏腹地的边境。沿途遇到不同的旅行者，与他们交流、搭车、住青旅，在一定程度上，这让人减少了对舒适环境的依赖，因此可以更深入地接触目的地。那趟西藏旅程加深了我对所谓地域文化的理解，那两个月让我对旅行、住宿有了更多的认识。同时，Lonely Planet（旅游杂志《孤独星球》）这种轻度介入目的地与文化的旅行理念也在之前旅游的过程中一直指引着我，这种理念伴随着我走进了旅游住宿这个行业。

2007 年，机缘巧合，我接手了亲友筹备的一家客栈，这是一家位于重庆磁器口古镇的青年旅社，也是我开的第一家客栈。2008 年，我开始设想创办自己的酒店品牌。我觉得只以供人睡觉为目的酒店是“可耻”的，酒店作为旅游服务的基站，应该成为一个具有社交、文化体验的平台，为人们提供结识朋友的机会，彼此分享旅途故事。因此，我试图在标准和个性化中间、在节约和奢华中间创立一个酒店品牌，追求“刚刚好”的品质，把身份感从产品特质中剔除，而代之于平等交流。这是我创办瓦当瓦舍的初衷。

每间瓦当瓦舍都延续了 Hostelling International 的旅行社交文化，将酒店公共空间视作开放的青年创意社区，置入多元化的浪潮活动，赋予公共空

瓦当瓦舍旅行酒店・成都春熙店

既下山 · 梅里

间活力，构建旅行信息集散中心，创造旅行者与他人在旅行中的交流互动。瓦当瓦舍致力于创造更多舒适体验，但希望这种舒适不以奢华和浪费为前提。因此我们从选址开始就尽量本着废旧利用原则：无人居住的旧房、工厂、旧宾馆，对已有的建筑保护性改造使用；以简洁好用为设计要求，减少不必要的包裹设计和形式主义设计。

目前瓦当瓦舍全国自营和托管酒店分布于成都、大理、杭州等旅游集散地及区域中心城市。为了增加旅行乐趣，我们一直持续与不同城市的青年文化品牌合作，将不同的青年文化装进酒店，打造精彩纷呈的青年文化主题快闪房（Pop-up Room），旨在搭建开放自由的城市青年文化分享平台，为旅行者提供更多元化的旅行体验。

几年前，我们在旅游住宿业被卷入“消费升级”的大背景下，就预估到人们的旅行会从单纯的“游”，变得越来越注重在地的体验感与文化的交流。酒店业的升级实际上就是生活方式的文化性需求覆盖原来的住宿性需求。从本质上来说，消费升级是人的升级，是消费群体的迭代。迭代的结果反映在消费需求上就是消费群体对酒店的认知重点发生了变化。比如，年龄在五六十岁的群体对酒店的期待是有奢华感、有管家、零噪音、提供早餐等，而相对年轻的群体则更关注新科技、拍照的环境、特别的体验、明星、分享到朋友圈的点赞量。

既下山就是在这样的背景下，基于当地文化的一个命题创作出来的。中国人很喜欢用“上山”和“下山”来形容人的状态。“下山”是特指翻过山丘后的人所处的阶段，看过世界、攀过高峰之后，你更需要走向自我、回归到自然原初的状态。当初取名“既下山”，其实只取了前半句话，它界定了一个状态，既然能下山，那么往后你应该是什么样子呢？我们希望能保留一个想象空间，让大家用自己的方式去解读，去定义。

既下山 · 梅里 · 牧云悠居

我们希望既下山能秉承凝聚当地文化特殊性的精神，通过独特的设计为住店的客人提供在地文化的精华。我始终将既下山品牌，或者住宿这件事，当作旅行的一部分。以前我会有比较明确的“旅行目的地”和“城市”概念，但我不会刻意去区分这两者。在我看来，沙溪、梅里是比较小的驿站，而重庆、成都可以被定义为更大的驿站。比如，成都自古就是西南部的咽喉，是整个西南文化的核心集中地区。文化体验和自然环境是相辅相成的，应该合二为一，不应该割裂开。随着 2019 年既下山·梅里面世，酒店入列 Design Hotels 联盟，同年获得“最佳世外之境大奖”，并于 2020 年荣获 AHEAD ASIA 2020 Best Hotel Conversion。这些行业上的认可，也让既下山品牌步入新的台阶。

一直以来，我们都以地域文化勾勒出既下山的中国行旅版图：从成渝出发，围绕滇藏、川藏二线，以大理、香格里拉、泸沽湖、康定、理塘、林芝为基点，串联起大茶马古道文化；以杭州、苏州为中心，至新安江流域的黄山、景德镇，再到庐山、武夷山，勾勒出南禅与玄学书画影响的江南雅文化轴心地；从北京出发，经过大同、洛阳、敦煌，连接起北方佛教与丝路文化影响的中心区域。

这两年来，我们同时推出近郊度假综合体酒店品牌“咏归川”。其名取意《论语·先进》：“暮春者，春服既成，冠者五六人，童子六七人，浴乎沂，风乎舞雩，咏而归。”此句为孔子及其弟子曾点对于理想生活的畅想。咏归川定位正如其名，意在打造一处极富自然情趣，共给友人欢聚于田园生活的理想之地。

作为行李旅宿集团旗下轻度假文旅综合体酒店品牌，咏归川以回归自然乡野为路径，呈现悦性的生活景观，同时回应时代对社群、疗愈及身心灵的关注。通过乡野院落客房搭配自然生态餐饮、在地艺术文化客厅、自然教育中心等配套设施，诠释出当代都市生活的另一种可能性。以近郊文旅目的地模式，成就当代家庭度假的自然之美。

目前已经运营的咏归川·南川，已成为很多重庆朋友的度假甄选目的地。在山东淄博，保护乡村传统风貌的咏归川·土峪村，近日已与大家见面。在成都，我们与华侨城安仁南岸美村共同打造的咏归川·安仁，目前已进入施工阶段。除此之外，还有“咏归川·城厢古镇”和“咏归川·兰州”两个在建项目。

回首过去的 13 年，我们将一家青年旅舍发展成一个旗下拥有瓦当瓦舍、既下山、咏归川等多个品牌的旅宿文化体验整合机构，这个过程是十分艰辛的。实际上这 13 年来，没有几年是发展顺利的，运营初期比较艰难，过程中也遇到各种问题，行李旅宿能走到今天也是坚持的结果。

既下山 x MINI 游牧酒店

最初我的视角是纯粹的消费者、体验者的视角；而在创业之初，为了改变我作为一个体验者的认识，我的视角就变成了开发者的视角；到现在，我的视角更多的是着眼于这个行业的发展，从一个行业的基本层面来判断这个行业应该怎么做，未来会怎样发展。

在成立瓦当瓦舍、既下山、咏归川等品牌后，我最大的一个认识是：酒店可以成为凝聚目的地精神的一个场所。像既下山・梅里店，2019 年 11、12 月份，甚至 2020 年的入住率都接近 80%。要知道往年 10 月份之后，香格里拉地区是没人进去的，零下十几度，酒店离机场还要开车 3 个小时，其他酒店要么关门，要么只有 10% 的入住率。而且梅里店单价很高，平均价在 2000 元一晚。从这里可以局部地看出市场对于高体验性产品的认可。酒店真的可以成为一个目的地，这是我越来越坚定的一个认识。

酒店业升级是现代酒店行业的主旋律，不管是精品酒店、中档酒店，还是高端酒店，都处在这个趋势之中。行李旅宿所面对的直接对话群体，笼统一点来说是文化旅行者，在旅行中带有文化体验倾向的人群。对于这个社群的了解和认知，决定了我们会提供何种服务，以及明晰我们所提供的服务的边界应该设在哪里。但总的来说，不仅仅是我们，大家也都正在探索。

处世之道——我的生活与工作原则

我其实没有太多个人时间，但我希望自己能保持一直学习的习惯，尤其是在非工作时间旅行时，能有看书这样闲适的心境。我也有一个保持多年的习惯，就是每次入住不同的酒店，我都会花二十分钟左右的时间把房间测量一下，把它的平面图画出来。在旅途中，首先我得保持自己是一个较好的酒店体验者的状态，其次我会下意识地琢磨所有我住过的酒店客房，留意它们值得借鉴的地方，有些是纯粹的空间尺度关系，有些则是室内空间设计的特征。

既下山・重庆

在管理上，我觉得最初只有一个店的时候就是管好店；当有几个店的时候，就需要管理好人；而当门店越来越多，团队越来越大时，主要就是管理好规则跟目标。我自始至终坚持的一点就是管理目标的一致性，这是我在管理中坚持不变的原则。虽然如此，我有意识到自己在管理方面还是做得不够好。经历这次新冠肺炎疫情，我有对一些不切实际的预期做反省，比如对现金流的管理需要做好一点，至少保证半年的现金是必要的；人力的安排也可以更紧凑一些，从内部管理上有很大的提升空间。

新冠肺炎疫情后，我和团队准备开发一些新产品，比如车顶帐篷的游牧酒店系列会接着做，还有一些疗愈主题的线路、婚礼旅拍主题的线路。我们认为新冠肺炎疫情期间被压制的刚性需求一定会爆发出来，事实证明我们的设想是对的，梅里店的房间已经预定到年底左右，游牧酒店系列产品也供不应求。企业始终是一种社会性产物，如果你做社会需要的产品，那么困难就是暂时的。

既下山・沙溪

未来之路——行李旅宿的乌托邦

我认为旅游住宿行业在“消费升级”下有三个明显趋向：反标签化的内容性和文化性需求；反批发的个性化需求；快速迭代。因此，在空间打造上，我给行李旅宿设定了四个课题，让品牌能在消费升级的热潮中脱颖而出。

（1）重新定义公共空间，把酒店的公共空间打造成目的地的文化客厅，展示更多生活方式的可能性。实际上，社交化也是目前全球酒店共同的课题。

（2）有效经营信息量。如果传统酒店是以客房服务为中心，那么我们就可能倾向于以旅游服务或以社交服务为中心，本质上就是在经营信息量。因为信息量会产生人与人之间的黏性，所以行李旅宿从一开始就会进行大量的主题性活动等的混合化经营。

（3）打造良好的文化场景感和定制感。就目前来说，我们能够做到的就是一些风格化的设计，包括内部用品和房间在内的整个体系的定制感，但我们做得还不够好。

既下山·大理古城

既下山 · 涵石园

（4）跟新零售结合的混合经营。目前，无印良品、宜家等跨界品牌都在经营酒店，我认为未来他们跟相对成熟的酒店管理公司合作的可能性更大，跨界混合经营也可能是未来的主流。

在新冠肺炎疫情震荡中，我们通过暂缓许多新项目、与业主沟通降低租金来尽量减少公司的损失，维持运营。我认为在那个时候寄希望于用投资来缓解现金流基本等于“不合理诉求”，我们能做的事情就是积极地准备应对接下来的变化，把损失的部分想办法从未来的市场上找回来。现在，我们已经逐渐恢复运营，酒店的热度和营业额甚至超过了往年同期。

风险资本寄希望于行业可以规模化发展，所以投资者的动机是早于我们这些经营者的。早几年前都是投资人来告诉你，可以怎么做，怎么发展。但是投资完后发现，想要有互联网行业那样的膨胀速度，困难是很大的，所以大家对这个行业的投资意愿也就降低了。我认为旅游行业其实很难完全由投资驱动，它其实是市场驱动和投资驱动互动的一个结果。但旅游行业是一个慢热型的行业，对于它的投资需要投资人有更多的耐心和更坚定的意志，这样才能完整地经历相对较长的周期，从而赢得回报。

旅游本来就是你去一个与日常生活不同的一个目的地的体验，了解和理解这种文化差异本身就是旅游的根本目的、根本状态。所以，我认为围绕这种差异所做出的深层次体验以及相关产品的开发会持续进行，并且越来越深入，这个是未来几年内肯定会在各个目的地都会大面积发生的一种趋势。

这次新冠肺炎疫情可能会让中国人对生活方式有更多反思，人们关在家里的时间久了，那些体验好的、能满足治愈需求的住宿产品也可能会迅速发展。在一城一池的事情中做决策，说实话能做的很有限，真正值得思考的是长远的事情。

对于行李旅宿而言，酒店只是目的地体系中的一个基站，绝对不是我们提供的服务的全貌。不管是瓦当瓦舍，还是既下山，我们都提供了匹配两者定位和需求的旅行享受，让入住客人以最为恰当的身份进入每一个差异化目的地，而不仅仅是为他们提供舒适的居住空间。我们以打造“深度本土文化、旅行社交、低碳美学”的旅行生态为愿景，让旅行者的旅行生活充满多种可能。

旅行体验就是按照“去哪里”“去哪里体验什么”“和谁去哪里一起体验什么”的台阶逐步升级的，我们的内容体系也是按照这个逻辑构建的。我们基本上还处于第二个阶段“去哪里体验什么”，所以，体验内容会变成大家旅行时最在乎的东西，但最终这些文化标签还是会沉淀在跟人相关的一些特征上。把“体验什么”当成基础面，我们所有酒店都会捆绑大量的线路性产品或者活动性产品。我相信，在未来，时间性产品将会取代空间性产品。

我们通过“瓦当瓦舍”开展 CityWalk、轻潮派对、旅行分享会等丰富的活动，为高频出游的年轻人群体提供在城市里最有料的路线和玩法；“既下山”在旅途中不仅为人们提供舒适的入住体验，更为他们策划难忘的在地探索，提供看待世界的另外一种视角；“咏归川”为城市的家庭旅行提供一个囊括自然教育、生态餐饮、农业体验、文创市集的轻度假的文旅社区。

我们也拥有致力于专业人物采访和科学探索式定制旅行的“行李”、深度探索至远旅途和至美酒店的“行李旅宿”、围绕“A MAGIC ADVENTURE AWAITS”的“与世界奇遇的瓦当瓦舍”三个线上媒体平台，以及涵盖了咖啡、阅读、地道风物美学的在地文化产品品牌“行李与一千个村庄”。

在未来，随着“瓦当瓦舍”“既下山”“咏归川”等旅宿品牌的逐渐成熟，我们希望有能力去构建一个真正的“旅宿乌托邦”。我们可以非常纯粹地去发现一个小众的目的地，去完整地规划与建设它，这是近些年“行李旅宿”相对终极一些的目标。

既下山·梅里·建筑外貌 蔡景晖摄

过云山居 · 苏州店

1978 年生，江苏苏州人，过云山居创始人，中国旅游协会民宿客栈与精品酒店分会副会长，杭州民宿协会副会长。

李超骏

过云山居 | 创始人

初心

“文化引领乡村振兴”，我们正在一步一步地努力实现这句话，和有共同梦想的人一起做自己喜欢的事业，这是无比幸福的一件事。

2014 年，第一次来到松阳，我们三个城市人的心被松阳传统的夯土墙的老房子深深地迷住了，先后 6 次进松阳，总共走过 200 个村子，终于在四都乡的西坑村停下了脚步，对，这就是我们梦寐以求、向往的乡村，当我们沿着崎岖的盘山路弯弯绕绕来到村里的一个停车场，就听见鸟叫声和泉水的叮咚声，停下车看到村里 1 米多宽的小道两侧都是黄色夯土的老房子。村里的广播播放着久违的声音（还是很小的时候听过广播），曲曲绕绕走到村子的尽头，猝不及防被眼前的美景扑了个满怀，豁然开朗，那就是我们的过云谷，正对面是一个“V”形翠绿山谷，那是个让你遐想连篇的小峡谷，它变换着不同美丽的衣裳（云雾）展现在我们眼前，傍晚村里袅袅炊烟，乡亲们在生火做饭，站在露台上的我们，望着远处县城星星点点的灯火，让我们感觉繁华离我们若即若离，西坑村是那么的古朴，那么的安静，乡亲们是那么的淳朴，风景是那么的美，我们留下了，三个城市人骚动的心在西坑村安放了。

西坑村成就了过云山居，也成就了民宿圈的神话，开业三年内入住率达到 100%，前三年的每个周末都要提前 4 个月预定，非周末提前 2 个月预定，在浙西南这么偏远的一个小山村，我们做了 8 个房间的一个小民宿，离上海有 7 个小时的车程，离苏州 6.5 个小时车程，离杭州要 4 个小时车程，离最近的温州机场也要 3 个小时，高铁当时还没开通，这么偏远的位置，我们却创造了民宿圈媒体曝光率最高的奇迹，2016 年 4 月份至 2017 年 4 月份，这一年内有 147 家传统媒体采访，自媒体端曝光文章 1756 篇，856 篇文章直接报道，它们成就了我们。开业后第一个“10.1”长假的第一天，村里第一次来了 5000 多个人，对于一个这么偏远的小山村，5000 人意味着什么？乡道、村道整整堵了一天，老乡家里的山货早上九点前就售罄。从此以后，老乡每逢周末、节假日都会提前准备好山货进行售卖，给自己增收，我们的西坑村从此不再只有老人、小孩与狗了，建根回来了，蛙叔回来了，许许多多在外务工的年轻人回来了，外来投资者也陆续来到了西坑村。

过云山居 · 桐庐店

有时候我一直在想，如果西坑村没有我们，后续没有年轻人的回归，西坑村肯定在未来的三四十年后和中国那些正在慢慢消亡的老村落一样，慢慢地消失，但是由于我们的到来，给西坑村赋予了新的活力，让它在全世界面前展现了它的美。当时我们去的时候王县长和我们说了一句话：“我一直想做的是，用文化引领乡村的复兴。”很庆幸两年后我们深刻地体会到了领导说这句话的意义。最初我们真的只是想在山里做个小房子，但是没有想到给乡村带来了这么大的变化，后来我们就抱着去改变乡村的想法，走上了乡建这条路，我们要用文化、民宿去改变乡村，让大家通过民宿认识更多的乡村之美。

过云山居 · 松阳店

记得民宿开业后第一年的春节，我从西坑村回苏州，从老丁给我一麻袋青菜开始，直到我走到停车场，后备厢塞满了老乡给我的东西，这种人与人之间的温情也许在城市里无法体会，他们用自己的表达方式感谢我们，让我真的很感动，这份感动也一直激励着我走在乡建这条路上。

过云山居 · 苏州店

过云三剑客

很多同行称我们三个创始人是“过云三剑客”“民宿铁三角”。讲到创始团队，首先肯定要介绍的是廖敏智（江湖人称“敏哥”），“敏哥”的这个称呼源于最初松阳店的改造。当时我们三个人的分工是敏智负责设计施工，瓶子负责媒体宣传，我负责运营和前期拓展。一个苏州姑娘一心扎在西坑村的工地，什么事情都冲在一线，和施工师傅打成一片，性格虽然大大咧咧、简单直爽，但是粗中有细，叫她一声“敏哥”理所当然。

潘敬平——“瓶子”，我们的灵魂写手、项目策划，字如其人，清新洒脱，很活跃。瓶子是个媒体人，在《新京报》、旅游卫视、时尚旅游杂志从事编辑工作 20 年，他有着灵敏的嗅觉，熟知媒体的聚焦点在哪里。所以，项目初期瓶子就策划好了宣传方式。

超骏，也就是我，运营管理是我的强项，我从大学毕业后就从事国际货运，2005 年开始自主创业，运营至今，我在团队中主要负责运营管理和前期拓店。做民宿之前，我喜欢旅游、摄影，在路上是我最能释放自己的时候，和亲爱的人走遍全世界是我的梦想，怀揣着一颗向往自然风光、人文艺术的心，我走过了 40 多个国家，留下了很多美好的记忆，让美丽的风景停留在我的相片里。

因为喜欢自然风光，在城市里长大的我对乡村有种莫名的向往，初中同学瓶子提议去松阳找一处地方，做一个属于我们自己的乡村小房子，圆每个人心中那个桃花源的梦，从此我们三个人踏上了乡村之路。我们的初心，就是在乡村找一处风景优美、远离城市喧嚣、可以静静发呆的地方。

过云山居的发展之路

松阳店的成功，使得邀请我们去别处开分店的建议纷至沓来。2016 年，很多民宿有了名气之后都在快速发展，开始往品牌化、连锁化方向发展，邀请我们去其他地方开民宿的条件非常好，如果我们当时选择快速发展，估计 2016 年不花一分钱就能开出 10 家店，但是我们不希望被表面的繁华喧嚣所迷惑。我们会问自己，当初为什么做民宿？初心是什么？我们认为做民宿还是要从初心出发，恋上一个地方，有想做的冲动。不能不考虑盈利，但是不能以盈利为目的，否则也做不好。

（1）苏州店。逆水行舟，不进则退，过云山居的成功也让扩大规模势在必行，但是我们还是秉持着第一个店的选址要求，因为我们三个合伙人都是苏州人，所以我一心想在自己的家乡做一个民宿，2016 年前后用了两年时间在苏州太湖找到了心仪的地址，那两年时间我走遍了太湖的每一个角落，因为我认为选址肯定要选择当地有代表性的地方，苏州最有代表性的就是白墙黑瓦的小街小巷，再就是太湖，很多人认为太湖是无锡的，其实只有 15% 的太湖属于无锡，苏州占据了 80% 的太湖，还有 5% 在湖州。太湖符合过云山居在乡村自然中的气质，我们的项目便设在太湖中的一个小岛上。面向太湖，180 度的太湖景观面非常震撼，这个项目在 2020 年

过云山居・苏州店

9月份面市，这是我们的第二个选址，但是开业比第二个桐庐店还晚了一年半。

（2）桐庐店。我们的第二个项目位于杭州桐庐县钟山乡长丘田村，我第一次来到这个地方就特别喜欢，有山、有云、有梯田，很多桐庐当地人都未必知道这个地方，从高速路上下来，经过国道、乡道、村道，辗转好多个山头，拐过数十道发卡湾，才能到达过云山居桐庐店，美丽的风景永远在不易达到的地方，来到项目地，出现在眼前的是一片层层叠叠的缓坡梯田，梯田之上是几栋房屋，周围是郁郁葱葱的修林茂竹，而在梯田之上刚好立了三棵高矮不一的松树，紧紧地挨在一起，当时看到它们的第一眼，就让我想起了我们仨——三个联合创始人，相互支持，亲密无间，却又各自保持独立。

如今，站在项目停车场，眼前是一览无遗的山坡，远处的蓝天白云，近处的青山绿竹，让人心情豁然开朗，几栋白色的小屋，点缀在梯田之上，初看有点突兀，细品却觉别致，瓶子称它为“白色魔方”。倘若下雨，水汽就会在山坳里、山坡上、梯田间形成云雾，于是，出现了一个名副其实的“过云山居”。

和松阳店相比，桐庐店的发挥空间更大，大到让我们三个人通过两年的运营总结了很多经验，让我们自由地发挥想法，于是有了南环新村、无邪、初见、滤镜、村雨、云烟、过眼店……

我们把 4 栋白色的房子分为四个主题：亲子、情侣、家庭、闺蜜。

地势最高的一栋白色房子，是亲子主题屋，楼栋名字为“无邪”。进入小院，先看到养在草坪上的小兔子，萌萌的样子让人忍不住想抱。开门进去，一楼是一个大大的公区，其中有开放式简易厨房、会客区、儿童游乐区，游乐区边上是大大的落地窗，窗外绿植如荫，窗内童趣盎然，房名直白、温馨：大宝、小宝、二宝、三宝、四宝。

从“无邪”出来，往山下走，可以看到一个木制的指示牌，指向左方一栋白色房子，叫作“南环新村”。建于 20 世纪 80 年代前后的南环新村，曾是苏州城区规模最大、建造较早的老新村之一，我们过云山居三位创始人就生于斯，长于斯，并一起在南环中学同一个班就读。南环新村，意味着我们所有关于童年、少年、青年的美好回忆，我们希望能在这里重现一个关于童年、家庭温馨的场景。于是，在南环新村的这栋白楼里，有一个大大的会客厅，里面有开放式厨房、卡拉 OK 机、游戏机，三个带有客厅的套房，房间名以我们三个人的名字命名：敏智家、瓶子家、超骏家。

主打情侣主题的“初见”与主打闺蜜主题的“滤镜”各有特色，前者浪漫，后者温馨，但都有大大的玻璃窗与正对落地窗的床，能够保证客人躺在床上无死角地看云。

经过 5 年的积累，我们呈现了 3 家店。还处在设计规划阶段的店有很多，在广西的崇左，舟山的海边，衢州的江郎山脚下，陕西的秦岭，安徽岳西的大别山，都飘去了我们的这一片云。 在这些项目中有单个的个体，也有民宿的集群，我们要将最美的风景呈现给所有喜爱我们的朋友。

工作的思考——一个再好的民宿都离不开一个优秀的团队

运营了这么多年的民宿，自己从中总结了一些经验，对于民宿来说，“人”真的是太重要了。在乡村做民宿能找到合适的、匹配的员工太难了，因为我们的民宿都在乡村，远离喧嚣，没有都市的灯红酒绿，长期在乡村工作，与外界几乎隔绝。这样的生活确实会让年轻人提前过上隐居的生活，除非真的特别喜欢乡村和民宿的生活。确实也有很多人刚来时喜欢，但是往往来了一两个月以后会觉得理想与现实有一定的差距，然后就离开了。所以用人本地化是我们一直在努力进行的，只有员工本地化，才能解决员工流失问题。

管家这个岗位在民宿行业里非常重要，从前台接待到后台预定，从客人服务到客房服务，从餐厅服务到咖啡厅服务，包括日常的维修，公区每个角落，只要是客人需要的地方，管家都会出现。民宿管家基本上是一人身兼多职，万能工，这也是不得已而为之。正是因为有无数个管家和打扫卫生的大姐，才成就了一个有温度的民宿。

过云山居·桐庐店

桐庐店有一位厨师——振鹏，毕业于云南昆明技术学院厨师专业，是他们班级里面最优秀的学生，拿了四五个全国技能一等奖，他的同学毕业后大部分在五星级酒店工作，当时全班就他一个人选择了远在千里之外的过云山居。毕业的时候很多同学不理解，但是他跟我们说，毕业一个月后，当他的同学在五星级酒店还在做一些初级的工作时，他却可以在我们店里自由发挥了。凭借自己对美食的认知，他把很多有可能的设想通过在民宿的实践变成了一道道美食，几乎每天都能受到客人的好评。

开会的时候我会告诉店里的小伙伴，不要觉得你在做一个简单的服务行业，在酒店也许是，但是在民宿是完全不同的，你可以有机会接触很多向往美好生活的人，你需要跟他们近距离地接触和沟通，才能和他们成为朋友，我们的管家经常会收到客人回去后寄给他们的礼物，这样的人生阅历在酒店是完全不能接触到的。

对民宿行业未来的思考

民宿产业的发展为乡村聚集人气，汇聚人才。乡村复兴的原动力是人，怎样才能将人留在乡村？民宿是其中的一个切入口。

在乡村复兴的大环境下，民宿得到了快速迅猛的发展，乡村复兴为民宿提供了更好的内容生产机会，开民宿要做的并不是简单地提供住宿，民宿的发展也不是去比拼单房投资额和民宿奢华度，这样会把这个产业带入一个误区。民宿就是应该谦卑地与乡村在地文化、自然内容达成更深层次的结合，通过民宿产业的发展，在乡村旅游的大环境下，结合每个乡村的各自特点和属性，通过民宿这个第三产业窗口带来流量，让乡村的第一产业和第二产业更好地发展，这也就是国家所提倡的第一、第二、第三产业再融合。

比如：过云山居的一些客人是有一定消费能力的城市精英，他们从城市来到乡村，向往保存完好的自然生态，向往有历史气息的古旧老房子，他们的到来会带来旅游升级、消费升级、诉求升级，进而推动多产业的发展。

内容是民宿未来发展的核心，乡村复兴则是民宿应该承担的必然使命。做民宿不能只依靠卖美景、卖设计。越来越多的客人渴望来民宿度假，可仅靠一间民宿完全无法满足客人的多样化要求，这就需要多家民宿，甚至相关产业联合起来，共同打造一个综合性的、拥有各种配套设施的度假地。

单体民宿的发展如同乡村复兴航路上的一叶小舟，而如今我们一直在做的民宿集群，则是乡村振兴道路上的一艘航母，民宿集群的产生，衍生了大量的配套产业，从民宿设计，到建设、融资、运营、培训、餐饮、营销、预定网络、健康疗养、医疗、体育、教育、环保、生态农业、创意农业、有机农业、农产品设计包装等，通过民宿集群把很多产业链和文化，比如美术馆、书店、音乐会、高端品鉴会、时尚发布会等引入乡村，让我们未来的乡村更有意思，吸引更多的城市人来到乡村。

我们理解世界的速度，永远小于世界变化的速度，但是没关系，能守住的那部分就是信念，让我们为了这份信念而坚持。

花间堂 · 探花府

华侨城度假酒店管理有限公司董事长，泛文旅及度假住宿品牌“有集”创始人，原“花间堂”创始人。工学学士，中欧工商管理学院工商管理硕士。曾发起并创立多家通信、集成电路等高科技公司，企业曾多次获得各种国际性褒奖。

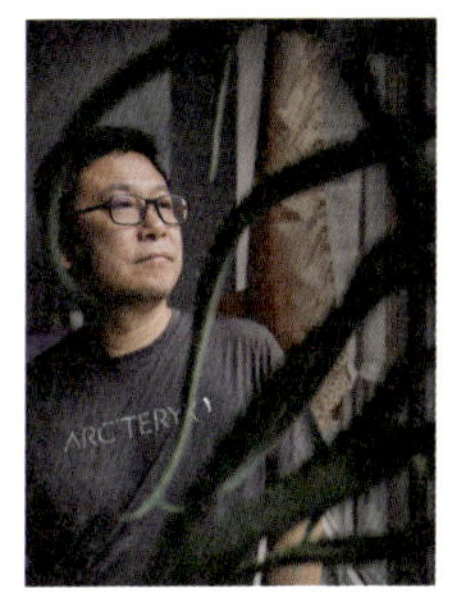

刘溯

华侨城度假酒店管理有限公司 | 董事长

沧海尘飞，犹记春风斜

开创“花间堂”的时候，我把它视为自己的最后一次创业，现在做“有集”这个品牌，我依旧把它看成自己人生的最后一次创业。虽然屡次食言，但每一次的决心都会给自己带来一种义无反顾的悲壮感，这种感觉会令我全心投入，去呈现不一样的、更加美好的东西。

也许有一天，大家不会记得我了，但一定会记得曾经在我们的产品与空间中体验过的美好感觉。这就如同我，经历过沧海桑田，见识过尘嚣飞扬，却依然怀恋创业最初，站在早春丽江花间堂“植梦”院的三角梅树下，微风拂面的那一刻！

有梦来仪

曾经习惯于在微信公众号、微博里分享生活、工作感悟的我，始终在等候自己所希冀的那个状态：不再杂事如麻，不再为各种琐事烦恼。当身心已安顿，岁月静好来临时，能够沉下心来写作，把自己经历过的人和事都写下来，为自己曾经跨越过的沧海桑田，也为留住人生记忆。

这个世界上的大多数事情就像圣徒被上帝选中一样，这样的约稿，就像是一个命运的指令，使得想法落实为行动，一下子打开了长久以来“自己看自己”的心念，打开了这个叫作“回忆”的管道。

多年以来，纷繁杂乱的行程，令人难以喘息的应对，已成为我固定的生活形态，不过，好像也没有什么抱怨的理由。“性格决定命运”是一句我认可的话。人生选择了什么就必须承受什么，得到了什么就会失去什么。这道理到了我这个年纪几乎变成了一种无奈和自我鼓励。只是在日复一日如川剧“变脸”般的各种角色变换中，似乎忘了“自己”这个词。所以，会经常被问起，这十几年耕耘“花间堂”，现在又马不停蹄地开拓“有集”，是为了成就什么？

其实，回顾这十多年在民宿行业的创业经历，最称得上成就的，是认识了这么多各行各业的朋友，见识和经历了这么多的人或事，这或许是我依然深耕其中的原因吧！

“爱做梦的人，大多是做了一个小梦。为了这个小梦，他把这个店一径开下去了，也因此聚集了很多四面八方的朋友，诞生出许多有趣的故事，有些故事甚至改变了好几个人的一生。花间堂或许就是这其中的一个小梦，而每一间店抑或成为这梦里的一个章节。”这是我在很多年前写过的一段话。

做民宿的这段生命历程中，那些婉转曲折，那些喜怒哀乐，后来好像都变成了一种能量和养分；而这些经历在经过时间的筛滤之后，几乎都只剩下了笑与泪、感动和温暖。曾经的委屈，失落、不满、辛苦仿佛都已烟消云散。

寸肠中热

我从小就是一个喜欢做白日梦的孩子，努力学习去考大学的内在动力只是为了可以坐上火车，离开家庭，去很远的地方。这种浪漫的愿望，这种不安于现状的不羁，成了一生里最原始动力。我不知道这是不是所谓的“宿命”。

有时候我会想，我们这一代人真的很幸运，能够把几十年非同寻常的是非曲直和波澜壮阔都阅历一遍。而这些目之所及的人和事，很多人可能一辈子都碰不到。就像狄更斯在《双城记》里说：“这是一个最好的时代，这是一个最坏的时代。”

加拿大北部的落日余晖

在这样的时代之中，造就了我三段式的职业生涯：第一阶段，当工程师做科研；第二阶段，创业做通信科技公司，开始商海浮沉；第三个阶段，跨界做文旅度假，投身于民宿行业。这三个行业跨度如此不同，以至于常常有人问我，是什么原因和机缘促使我有这么大的职业转变？

最恰当的解释就是“折腾”这两个字。在我看来，人生要“折腾”着过，才比较“值”。不过，除了爱“折腾”，每一次的人生转折都会有一个触发的机缘：年轻的时候，期望长大后做一名演员，结果因为改革开放的这个百年不遇的机遇而有机会回到课堂读书，去参加高考；成年后，从一名计算机工程师转行去深圳进入商海，是因为读了 1992 年邓小平南巡之后那篇《东方风来满眼春》的文章，文章里的内容直到今天还记忆犹新；转而去做民宿度假，则是源自中欧商学院的再学习。那两年的商学院生活，令我领悟了很多之前百思不解的问题，让我打开了一扇看得到未来的窗户。于是，希望人生能有一些更有意思的事情。

定策安机

多年的创业路，自以为已深谙商业的规律，再学习对我来讲已是多余。受朋友的鼓励，机缘巧合地走进了商学院的大门，这一段系统的学习，颠覆了我之前关于运营企业的认知。相当长一段时间处在自我否定的状态中，也正因为这种否定状态，促使我停下来，去思考未来的人生事业之路。正是“停下来”，才有了跨行做新产业的机会。

商学院里流传着这样一句话“学习不一定能让你成功，但学习一定会让你减少失败的概率”。也就是这样的一段学习过程，令我和同伴们站在同一个思想的维度。

可以说，正是因为系统的商业学习才奠定了我和同伴们一起决心做度假产业的基础，并且能够把一个个性化的事情，做成有品牌、有现代思维管理的企业。而“花间堂”是应运而生的事业，更是自己对未来生活憧憬和好奇的选择。这里面有着“天时、地利、人和”的因素，也有着自己对于机遇的敏锐觉察。

深圳有集城市客栈 · 创意园店

以今天民宿行业壮大的现状来看，当年这个初衷和理由显得有些普通，但在当时，我们的故事确实打动了非常多具有相同理想的人，因而，从某种程度上来讲，也触发了民宿行业的蓬勃发展。做“花间堂”其实就是通过自己对生活方式的理解，找到一类人群对美好生活的需要。这或许就是商业成功的原点——从客户的需求出发，确定商业产品的定位，从定位去找到商业模式的依据。

记得开创“花间堂”之初的某天夜晚，在上海的一个花园里，我们创始人团队和几个朋友围坐在一起，侃侃而谈，其中一位做咨询的中欧校友却一直沉默。良久，忽然他开口问了我们一连串的问题：你们想做成什么样的企业？你们的“愿景”是什么？你们的品牌特征又是什么？你们的目标客群在哪里？你们的核心客群又在哪里？你们准备怎样去实现目标？

这些连珠炮似的拷问，令我们应接不暇。说实话，大家都被问住了。在此之前，我们总是在自圆其说地描绘着未来的工作场景，总在想着怎样落实细节会更有意思……可是我们有没有认真地思考过我们是谁？我们的方向是什么？我们怎么去面对我们未来的发展道路？

我们常常为那些灵光乍现的细节兴奋不已，却忘了一些做企业最根本的东西。而这些其实是商学院里必修的一些功课，为什么一回到现实，实践起来就会忘了呢？

我常常告诫年轻的后来者：但凡做事业，你必须认真思考这些看起来抽象的问题。这些问题的答案不是口号，而是真正根植于内心，时刻要去努力践行的方针和指南。在随后经营“花间堂”的许多年里，这些最核心的问题一直都会被拿出来和团队一起思考、讨论、修正，并锲而不舍地贯彻执行。

我们不仅把这些问题的答案作为公司企业文化培训的一部分，并且还和我们的设计师、合作伙伴一起来分享讨论，使得他们真正能够理解我们所需要、所坚持的东西。

遵循发展战略，成为我们重视的企业文化之一。如果说“花间堂”获得了某种程度上的成功，这与我们从做第一家店开始就有一个明确的方向和战略是息息相关的。当然，战略修正有时候也会出错，这也导致我们走了很多弯路，经历了不少经营的挫折。现在，“花间堂”已经有了新的接棒人，祝福这朵“花”继续盛放！

把花儿种

我的人生如果是一本厚厚的书，那么做民宿的十多年，就是其中的一个篇章，这个篇章又被分成了好多片段，故事片段的丰富与否，亦成就了人生这本书的丰富与否。

回头总结“花间堂”这个品牌的历程，它分为了四个阶段：战略初创期、战略转型期、战略困惑期、战略重整期。

战略初创期和战略转型期这两个时期，成功地奠定了“花间堂”未来发展的坚实基础；第三个时期是我们最为艰难和困顿的时期；第四个时期很遗憾未能完成，算是未竟的事业。而这四个阶段我们在很多方面做出了令人难忘的事情。做民宿产品，首先要考虑的是品牌，考虑品牌就要考虑视觉传达的形象，视觉传达既要有色彩调性，也要有视觉内容，而第一个传达给客户的视觉形象应该就是商标，商标设计的好坏直接与产品内容相关。

跨界思维，非专业与专业的思考，往往能擦出火花。在经过与专业公司反复讨论比稿，依然达不到理想效果之后，我忽然想起我的女儿，当年她还是美国迪士尼公司的一位年轻的动画设计师，学的是插画专业，为什么不让她来试试呢？于是我跟她联络，告诉她我想要做一件美好的事：在一个很美的地方，那里有一间很漂亮的房子，房子周围种满了花，房子就像在花丛中长出来的一样，我想让来这里做客的客人都会感觉到美好，就像回到自己温暖的家。

这个描述其实也是我们创建“花间堂”的初心，于是女儿交给了我们最终的样稿。感慨的是，这个受西方教育长大的女生，居然在她自己想象的意念中画出了一幅类似于纳西族象形文字中“家”的形状。

其实在每个人的基因中，“家”就是美好事物的承载空间，这个商标符号意外而巧妙地说明了花间堂的寓意，是我们秉持的“家”文化体验精髓的呈现。虽然今天的商标已被新的换掉了，但当年的品牌和商标打动了不少人，他们都成了我们忠实的粉丝，我们风趣地给他们取了一个名字叫“花粉”。

雅鬟云孚

既然是连锁品牌，就会涉及复制，而复制就需要建立标准。一种个性体验化的产品，既要保持住其独有的本地个性，又要在管理上实施统一标准。这在当年民宿行业刚刚崭露头角的时期，无疑是一个巨大的难题，并且没有可参照的范本。但我们知道如果不走出这一步，不仅不能在运营管理上突破，还会让我们面临尴尬的经营局面。

我们在找对标企业，例如安缦、悦榕庄，但是这些国外品牌的度假酒店和我们的文化差异很大，而且当时在中国所开的店也寥寥无几，并不能完全反映出可借鉴的东西，反而是他们的不足之处成为我们主要着力的方面。例如我们对中国式生活方式的理解、对投资回报的考量、对家文化的理解，以及对企业文化里亲和力服务的基因的分析，等等，都成为我们能够把每一家店开好的信心。

我们认真地深耕本地化连锁经营管理，总结属于我们自己的“非标产品”的标准化管理系统，从大学毕业生开始有意识地培养建立自己的管理团队。与此同时，小心谨慎地开始异地化复制的计划。在我们看来，“异地复制”的成功才是非标连锁产品的真正开始：从周庄花间堂开始，我们一路在江南、西南地区遍地开花！

每发现一处可能的项目地，我们都积极勾勒未来产品的构想，为某一处的美好的梦想呈现而亢奋，为每个经手建成的新店而激动。每一家店的开业，我都会写一篇文章，让它随着时间的推移而成为这个店的记忆。

2013 年苏州“探花府”店开业时，我写道：“人总是会习惯于寻找昔日生活的影子与气味。早年的日子过得愈缓慢深刻，追索于今日与昔日相似的情怀则愈浓。小则如巷尾里散发的炒菜香味，大则似永远想象无穷的一所深宅。一个世故风韵的城市，她定会呈现此一刻或彼一刻的悠然怡悦的气氛。”花间堂探花府大隐于巷，隔壁的千年银杏树和伸进院子里的百年榉树，常常令客人赞叹！其实理想的街市一定要有理想的街树，这也是城市与乡村的不同。扶疏掩映的街树，以柔缓人的心境，予人那份“不尽”之感……

2014 年“阆中花间堂”开业时，我又写道：“江畔何人初见月，江月何年初照人，这蜿蜒于古城的嘉陵江，是厚重悠远的巴蜀文化的汇集。历史在流淌，每一个当下都是历史的承启，而阆中古城，便是这时间也是空间交汇点之一。”我以为，最佳的休闲精神获得莫过于一个好环境，一杯香茗，一本好书，一段好音乐，一份好心情。花间堂与这阆苑仙葩的邂逅，便是这般美好的呈奉与清供。这是一个天合之作，是一个历史触觉与唯美感受的交融。在阆中花间堂走一走，并驻足凝望，你会观赏到美若仙境的山色美景，体验穿越千年的时光交汇，又可时时嗅得红尘之外的沁脾茶香。宁静和美、天人合一、物我玄会、明心澄性。

望见蓬莱

花间堂 · 西溪

在我们内心深处，希望把每一个“花间堂”都做得尽善尽美，“有一天人们会因为某地有花间堂而选择自己的度假地，因为花间堂就是目的地”。这就是我们当年的愿景，淳朴而又充满意境。

我们创业第一个阶段是本着初心和想象把“花间堂”一直做下去，但是随着人们对度假需求的要求越来越高，市场开始不满足于古筑风貌的体验，大家对度假生活方式开始有了更多元化的要求。在人们心中，“花间堂”就是做古宅改造的。做民宿的品牌，要不要在度假这个产品领域再广一些？要不要重新定义品牌和产品？这是摆在我们面前的严峻的问题。

花间堂 · 西溪

带着问题，我们去中国台湾、日本，花大量的时间去体验别人的产品，去思考我们的未来。可以说，这些考察带来的思考，促成了第二阶段的战略转型。

西溪花间堂，成了第一个转型的产品，我们当年提了一句口号：把有意义的生活变成有意思的生活，只有每天的生活都有意思，你的人生才有意义。

人们往往有一种说走就走的向往，为了这种向往，我们选择旅行，选择与大自然为伍。可同时又需要一种场所，一种有桌有椅的环境，一种有少许人群及轻食饮料的地方，令大家可以进行日常活动。

花间堂 · 西溪

为此，我们请了国际顶级的设计团队来构思西溪花间堂的项目。这个团队不标榜“完美”，却在不断寻求“玩美”。“玩美”是把“好玩”融入空间，让入住者不为外物所役，变被动地接纳为主动地探索，真正成为空间的主人。在乐玩、雅玩、野玩中发现美、创造美、分享美。

我们最后采用了“QING 设计”的理念：整个房间内外，都围绕一个主题——“QING 设计”，“QING 设计”你可以译成“轻设计”，也可以译成“请设计”，还可以依次去掉尾字母，变成“QIN”（“亲”）和“QI”（“奇”）。而这些理念在之后的经营中给西溪花间堂提供了源源不断的活力。

浮瓜沉李

随着时间的推移，品牌被越来越多的人知晓，企业开始有了一些名气，机会和诱惑也多了起来。但同时，我们还没有理清经营与投资之间的关系，没有理解重资产与轻资产之间的区别。那个时期，加大了总部的人员规模，提出了“代表中国文化”等一类看似很远大的品牌口号。

总部人员规模的扩大，使得企业的压力增大，我将此形容为一个瘦弱的孩子顶着一个硕大的头颅，不堪重负。而且总部与门店形成了沟通障碍，总部办公室文化开始形成。总部的城市官僚文化和门店的家文化形成了落差。

再就是公司费用的增大与门店利润增量不成正比，以及投资与收益不成正比，内部的发展问题开始呈现。而“路径依赖”使得我们想要重新调整变得举步维艰。如果说当年花间堂的发展获益于资本的介入，那么，花间堂的改变也因资本的力量而发生。资本乃双刃剑，这是在我的职业生涯中深深体会到的。

商业模式决定了你所需要的资本形式，一个重资产、重投资回报的商业模式，嫁接一个周期不长且追求高收益率的基金资本是不合适的；只有轻资产、重品牌且发展速度快的商业模式才能通过资本去获得支持，这是一个文旅度假行业的铁律。

文旅度假酒店产业，是一个靠长期经营获益的产业，既不能妄自菲薄，也不能自视清高，如何靠资本的加持来获得发展，是一个值得研究的课题。一个企业的易主，一定有各种各样的原因，也一定有各种各样的遗憾与无奈，和初心无关，但和性格气质相关，这中间也蕴含着因果循环的哲理。

翠满云台

十年的文旅行业浸淫，我发现我们所服务、所寻觅的其实是同一类人群，这些人群就在那所谓的“灯火阑珊处”。我有不少在城市做中高端餐饮的朋友，常听他们说每天餐饮生意的情况。很有意思的事情是，当他们生意好的时候，恰恰是我们入住率比较低的日子，而他们抱怨生意不好的时候，恰恰是我们入住率高的日子。这说明消费人群是同一类，只是消费场景不同。

今天看来短期度假成为人们生活的必需品，而城市与乡村之间需要一个链接。城市快节奏的生活对人的精神、心理都有压力，需要另一种环境场景来释放，这种链接变得必需。

带着这些“丰厚”的创业经验以及依旧难以放下的对文旅行业的热血，我们又开始了新的征程：在民宿产业的框架上，拓展乡村地域文化、城市摩

unijoy 有集

深圳鹏城有集度假酒店

登艺术的融合创新，尝试重构与新世代群体的连接方式，全方位打造崭新的休闲度假空间以及进行新生活方式的运营。一个充满活力的文旅品牌——“有集”（Unijoy）应运而生。经过一年的运作，“有集”已经在西安秦岭、深圳大鹏所城、云南建水崇正书院、云南广南、庐山西海开疆扩土，实践新的理想。

“有集”品牌的诞生依然是延续着过去商业理论的学习，以及“花间堂”创业的经验和教训。一个好的战略的建立，需要对市场进行抽丝剥茧，化繁为简进行分析。经过十年，旅游度假市场已经发生了巨大的变化，人们的需求也变得更为丰富，受众群体也趋于年轻态了。打造真正意义上的民宿 2.0 版，面向未来的十年、二十年便是“有集”应运而生的理想。

我们像是一群整装待发的战士，洗净了前面十年的尘嚣，找到再出发的原点，去探索“有集”度假的下一个制高点。我想，商业理论，乃至现代企业管理的领会，经过荡涤，一定会运用得更加成熟。相信在不久的将来，我们会一起见证有集的成长，体验它全新的活力和带来的美好生活体验。

不羡荣华

一个人活着，总要有所追求。为了生活品质、精神理想、家庭、社会……即使到了无求境自高的境界，那也是一份对自己操守的追求。

对自然风水、季候轮回、宗教的敬畏，那是中华民族固有的文化内涵，是生命本体对生命整体与个体体验感动后的神往。我常常问自己：你还会感动吗？你还有激情吗？

今天，我依然乐此不疲地行走在山水之间，寻觅千年历史沉淀下来的丝丝入扣，而抬眼远眺，青山峻岭，满目苍翠，亦如清风拂面。一切都是那样的纯，一切都是那样的静，一切都是那样的美……

当我发现似诗如画般山水间美好的那一刻时，依然有按捺不住的向往与冲动。主观的感受引领我沿着美的脉络，追寻文化的本源，去感受对人与人性的认知与认同，希望继续通过自己的双手去打造值得分享给大家的作品。

半山隐庐

隐庐精品酒店创始人，中国旅游协会民宿客栈与精品酒店专业委员会创始副会长，中国小型豪华酒店联盟（SLHC）创始人，职业赛车手。

罗丁

隐庐精品酒店 | 创始人

以天地为场，驰骋于此，亦栖居于此

“文武兼修”一词可以作为罗丁先生的人生关键词。而平衡这一武一文的桥梁，则是旅行，不断地发现。在走过中国和世界的大好河川之后，他发现在中国能够体现大国山河之美、中国文化之美的酒店少之又少，于是“打造属于中国的精品酒店”便成为他的目标，隐庐精品酒店品牌由此诞生。罗丁先生也从一名职业赛车手华丽转变为酒店业资深人士。在“文武之间”罗丁先生又完成了一次华丽转身，他将在新中式生活方式的道路上不断前行。

二十世纪八十年代，出身于北京建筑世家的罗丁，承继父辈的旗帜成为建筑系学生。象牙塔内研习理论、流派和建筑美学，昏黄灯下绘图，每至深夜，罗丁大概未曾想象到，在投身于如火如荼中国建设大时代的二十年后，自己会成为一名赛车手，甚至成为以险峻赛段著称的“巴黎-达喀尔”拉力赛中国第一人。

但赛车手罗丁纵横四海之时确实设想过，有朝一日他见识过的河川，以及河川中所寄托的世代中国文人侠客的生活理想，将会以某种方式见于当代中国人的生活方式之中。罗丁浪旅天涯，行迹遍及沙漠、森林、高原、河谷……住过牧民的帐篷，露宿于沙漠的星空下，高枕于林间的溪流之上，酣眠于山腰的云被之下。一千年前在李白的诗篇之中被吟诵的天地之大美，一千年后被罗丁以足迹丈量着。在游历祖国山河和世界奇观的历程中，曾隐隐约约闪烁在少年罗丁心胸中的世界观开始有了切实的模样。中国的绝美天地深深地

阿那亚 · 隐庐山房

种植在这位当代“侠客”“文人”——玩赛车的建筑人心中，时刻涌动。罗丁是一位文人，这是他的出身和家学所赋予的；罗丁更是一位侠客，那是他的少年理想和血液里流动着的滚烫基因。这两种力量曾经冲突分离，如同当代中国的心灵写照。

由赛车启发的第二人生

三十余年狂飙突进的经济大飞跃后，中国人雄心与疲惫并存，日渐鼓囊的钱袋催生了心灵的渴望。一个自石器时代就延续至今的古老文明，面对着繁荣的当代文化和衰落的旧世界，心情是复杂的。90 后全心全意拥抱新世界，60 后的罗丁却有一只脚永远落在旧世界的边上，另一只脚则站在了新世界崛起的浪潮之上。两个世界的对照带来的是巨大的机遇和深刻的眼光。这是罗丁的命运，天生我才且逢时。后来者可叹不可得。

彼时，西方世界已有“酒店即目的地”（hotel as destination）的潮流萌芽，广结天下友人的罗丁在与外国朋友的闲聊中，被后者认为中国没有精品酒店的说法触痛，于是，2009 年，中国小型精品酒店联盟（SLHC）诞生，创始人便是罗丁。

这似乎是天意。作为中国第一位完成达喀尔拉力赛全程的职业赛车手，罗丁的性格里有一股敢想敢做、全情投入、火力全开的力量和豪情。早年的赛车经历更是打开了他的视野，打磨了他的洞察力，让他早早置身于中国与世界的对照之中，发现中国之美、中国文化之精粹。而建筑师的职业素养和对中国文化内涵的理解力，又把他的侠客豪情升华到美学理想进行理性思维和逻辑勾勒。

精品酒店（boutique hotel）有别于传统星级酒店和商务酒店，应时代精神而生，契合着现代人对独特性、文化内涵、风格化品质的追求。它秉承了星级酒店的服务水准、管理品质有所超越，提供非常个性化的酒店服务；同时也蕴含着民宿小而美的精神内涵，最为与众不同的是拥有着强烈的设计风格和价值观，从某种意义上来看，精品酒店作为酒店业的文化产品而独树一帜，提供了超出一般酒店的精神体验。打上罗丁烙印的隐庐旗下酒店，以隽永的古典雅士风格和逍遥的乡野山水精神为标志，选址上亦充分体现“隐庐”二字内含的向度。

从赛场到客舍——投止之间，创业之路

最了解如何安顿身心的，当是行旅之人。作为赛车手和旅行家，从不止歇的行程，最需要的是旅途中一个接一个舒适的身心安顿之所。天地之广大，万物之辽阔，罗丁身处其间，譬如蜉蝣，感怀不已。念及李白曾云：“夫天地者，万物之逆旅也；光阴者，百代之过客也。”天地是万物的客舍和归处。开赛车浪迹天涯的罗丁和盖房子安顿身心的罗丁在这里终于统一起来，毕生的建筑所学和游历世界的赛车生涯似乎都在为一个即将到来的事情做准备——天选之人罗丁打造了他的第一家“隐庐”。

“隐庐”二字，一动一静，恰好概括了中国人的传统生活理想，“隐”是一种寻求，“庐”是一种理想。“隐”非避世，而是在世上找到一个归处。所谓归处亦非居处，居者屋舍，归处乃心安之处。在当代中国快速发展三十

森之谷

年后，这种生活理想犹显珍贵。罗丁珍视这种理想，更在这种理想上赋予了一种情怀。所以“隐庐”的“隐”乃是一种寻求，“隐庐”的“庐”也绝不仅仅是一处屋舍，而是沉淀在隐庐的一茶一座、一花一草、一席一木的微物之中；具象在品茗、焚香、庭院、竹影、园林、深径的典型风格之间；悠然于山林、乡野、河谷、云雾的山水精神之上。那份于祖国河山中游历而来的强烈自豪感和早已深藏于罗丁心中的中国传统雅士的风雅狂放的精神终于汇合，化作广阔天地间寄托了中国人理想生活方式的心灵居所。

2013 — 2017 年，他打造了隐庐精品酒店旗下的 6 家在营酒店，分别是成都隐庐酒店、隐庐 · 同里别院、隐庐别院 · 晴澜堂、什邡半山隐庐酒店、隐庐 · 莲舍、阿那亚 · 隐庐，这些酒店不论是城市文化综合体型酒店还是人文历史主题酒店，抑或自然景观酒店，都体现着罗丁先生做酒店的逻辑，首先它是中国的，然后它是最新的。

如同“小隐隐于野，中隐隐于市，大隐隐于朝”，隐庐也有着隐于城市与隐于乡野的不同层次。成都隐庐作为隐于市的代表，是罗丁理想落地发出的雏凤清声。蜀国成都乃仙风道骨之地，与隐庐的精神格外契合。虽坐落于新城区，成都隐庐仍然散发着老成都的逍遥气质，不同的是增添了一份雅致的情怀。茶与禅意经过精心的布置，不落俗套地安放在每一个空间。作为酒店公共空间的隐庐书院更是为整体的氛围注入了精神内核。介于商务与星级酒店之间的风格定位使成都隐庐迅速获得了市场认同。

成都隐庐的成功奠定了同里别院的基础，作为最能体现隐庐风格的同里别院，是建筑人罗丁的一次无须克制的肆意。在绝佳的江南人文环境中，罗丁与他的建筑师团队进行了一次大胆的试验，以“大写意”的手法，修缮传统古宅，最大限度地保留建筑原有的古典特色，秉承中国传统美学和苏州园林的逸士气质，将“匠心”沉淀至每一个细节，门前以雅竹掩映，院内白墙乌木，以四进院落打造出一片诗画般的诗意空间，植入符合现代人生活习惯的部件，赋予旧宅以全新生命，雕琢出真正的中国之美。历经3年的打造，于同里古镇临河而居的苏州隐庐·同里别院成为寄托了文人理想的一处现代古典客栈，甫一面世，便问鼎设计和美宿大奖，成为业界的标杆和当地的文化景观。

半山隐庐

随后，罗丁打造了各具特色的隐庐别院·晴澜堂、什邡半山隐庐酒店、隐庐·莲舍、阿那亚·隐庐酒店、阿那亚·隐庐山房、阿那亚·隐庐精选、森之谷·隐庐山房等，这些酒店相互统一在隐庐的人文精神和自然理想之中。

同里别院

从概念到产品——隐庐的未来，行业的思考

在从梦想诞生直至落地的过程中，隐庐从一种精神慢慢具象化为与市场紧密相连的一系列产品。罗丁也以更为务实的态度实现了他的美学理想和逻辑：首先是中国气质，然后在中国气质的基础上再建构。他强调将中国人造物、中国式生活的价值观用现代的手法呈现出来，既要有文化内涵又要实用而舒适，即“现代中式酒店”理念。同时，罗丁将“现代中式”的理念进行了拓展，创建了隐庐书院、隐庐铺子等一系列中国雅致生活馆；并以隐庐酒店为中心打造名为“万乘之旅”的旅行产品板块，全方位覆盖中国人的衣食住行各个方面，打造全面而立体的隐庐现代中式生活体验，诗书礼乐的教养，琴棋书画的审美，享中式心灵之从容。以精致而朴素的生活态度，明达与开阔的人生价值观，悠然山水的自得态度，寻味历史传承的现代雅士生活。

晴澜堂

从最初的天地大美、逆旅万物的世界观，经过创业的落地和沉淀，罗丁将中国气质中的自然和文化两极，化为具有辨识度的隐庐风格，这种风格渗透着罗丁对这一行业身体力行的思考。

（1）风格。风格是精品酒店的灵魂。隐庐风格的最高理想就是中国气质。隐庐・同里别院就是这种气质的体现之一，作为一处苏州文物保护建筑，经过最为尊重传统的手法修复，把中国的古典建筑以新的方式表现出来，呈现出精神气质，让传统的建筑“活”过来，让身处其中的过客不由自主地沉浸在建筑所带来的风格之中，获得独一无二的精神体验。再如身处宜兴莲华道千亩稻田里的隐庐・隐舍，更是将隐庐的山水精神升华至形而上学的意象。

（2）选址。风格依附于地理和位置，地址则提供了风格的内容。山与海，尤其是城市周边的山与海是最为便捷的自然景观，能为都市人群提供所谓二分之一居所。不仅仅满足于为观光者或差旅者提供住所，隐庐更看重的是为当代中国家庭提供度假的另一种可能性：在逃离寻常生活的时间里，体验中国文化和自然景观所带来的精神愉悦和满足感。所以隐庐的选址格外重要，不仅仅是住宿地，更可能成为旅行的对象，这是它的功能区别于星级酒店和民宿的地方。所以，隐庐大多选址于自然或人文景观的新地标，例如，阿那亚隐庐酒店，位于距离北京 3 小时车程的北戴河黄金海岸；距离成都 1 小时车程的半山隐庐，脱胎于半山公社和一家私人博物馆，在建筑风格和文化内涵上非常独到，充分融合了山林景观；北京雾灵山的隐庐山房更是坐落在北纬 30 度金秋的风景之中；坐落于承德热河山谷的新作—— 森之谷隐庐山房同样位于北京 3 小时都市圈内，以山谷生活为精神追求。

（3）酒店服务。精品酒店的服务也有别于连锁星级酒店和民宿。它一方面讲究品质标准，另一方面讲究独特与灵活。贴身的管家制度或者结合酒店风格提供的极具特色的服务内容，也会成为精品酒店的内涵。隐庐成都的茶意氛围、同里别院的中式服务和配套、森之谷隐庐山房的管家式服务都因地制宜，从来不会千店一面。

（4）文创产品。成功的精品酒店会具有很高的辨识度和不可替代性，甚至本身会成为一个文化符号。隐庐书院成了承载文化沙龙的公共空间，和新加坡 Pageone 书店形成战略联盟，并且开发了系列文创产品。

（5）辐射社区，形成有机联结。成都隐庐的书院和同里的晴澜堂也更像是酒店对于社区的反哺，是让中国的传统街区显得更为优雅的一种尝试。由此，精品酒店的效应可以辐射开，以自己的风格带动街区成长，使之充满活力和机遇。这是一种有机的酒店社区联结方式。最终酒店和社区都将互惠，成为新的综合体；互相哺育，成为城市的新景观。这就不再仅仅是个人的生活理想，而成了群体的生活样态，这就是文化真正的养成方式。如果能做到这一点，隐庐的理想也就能真正地落地了。

这也许就是罗丁心中那个慢慢成形的中国梦：以华夏五千年文明为经，以中国广袤大地为纬，纵横编织盛世中国的心灵居所。每一处隐庐，观天地之大美，或栖于隐秘山巅，或居于古镇民宅，或藏于繁华街巷，或栖于明净海岸，将自然恩赐与居所文化融为一体。

森之谷

西坡集团创始人兼董事长，莫干山民宿协会会长。早期从事金融业，开过德清县最时髦的咖啡馆。2009 年投身于乡村度假事业，开始积极寻求保护当地乡村建筑与文化的方法。“西坡”致力于传承和推动乡村文化的发展，为住客提供深度的在地旅行体验，并将新派乡村风文化与西坡的生活方式传递给社会，让更多人重新发现土地与乡村的价值与美。

钱继良

西坡集团 | 创始人、董事长

希望今天的中国乡村，不落后于时代，又记得住乡愁

这个行业一直在迭代和创新，民宿产业数据统计，90% 的民宿是单体的，10% 是连锁的。单体的优势是主人文化的传递和节流，连锁的优势是各方面的资源对接的能力，品质也更加稳定。我希望接下来把我们的商业模式梳理得更符合当下，也更符合西坡。未来我们希望可以做可复制的模式，为接下来输出管理方向先做准备。回到根本，就是我能够为对方的结果负责的时候，我就要去做这个事情。我希望我们西坡是一家可以做一百年的、有人情味的酒店。

创业历程——中国民宿高地莫干山之路

2008 年我认识裸心的创始人老高，那天他站在现在裸心堡（裸心乡的前身）的位置上，教那些工匠如何砌围墙，他和工人说：“你不可以弹直线，你用眼睛瞄一瞄就可以了，我需要最自然的状态，不需要像城里砌墙时用的那些直线。”那天他告诉我会去村里淘一些老家具，听他讲述那些关于环保的事情时，带给了我很多思考。我也与老外有过几年工作的经历，所以我觉得我也可以做这些事情，让乡村变得更好。

2008—2009 年间，一个偶然的机会，我在莫干山山谷劳岭村岭坑里度过了一段“串个门、喝个酒、聊个天”的愉快时光。村子里面有 25 栋老房子，

西坡 · 千岛湖

其中 20 栋的原先状态是闲置和倒塌的，那时候我租了 8 栋破房子，于是就着手改造了第一栋西坡。在那期间常常有朋友拎着酒来山里找我，趁着好天气我们就在院子里喝一下午酒。在当时的村子里，村民日落而息，吃完饭三三两两地拿着椅子去隧道口乘凉聊天。夜色里，路边溪流旁萤火虫飞舞，抬头便是繁星闪烁。那时我觉得玩心可贵，就想，为什么不把这些美好的山乡生活分享给更多人呢？而且我觉得这个村子像极了被房地产开发商拆掉的老家，再加上我是德清县本地人，真的很喜欢这片土地，于是想为农村做点事情。

7 年时间，8 栋房子，当时村里人都不理解，家人也都反对我放弃原先的事业来做这个事情。后来西坡成了莫干山民宿的一面旗帜，拿遍了酒店业几乎所有奖项。有人说，它是一支耳边回荡的田野牧歌，所有人对都市生活的疲惫与厌倦，都能在这里找到寄托与释放。几年后，很多人追问我为什么偏偏选择现在的村子作为开始？我说："这跟谈恋爱一样，走了很多地方，就喜欢这里，这里有种感觉，像家。"

原先去看那些老建筑的时候，那些老建筑都是二十世纪六七十年代、七八十年代建造的，我觉得这样的建筑风格代表我们中国，我们第一时间去做的，就是要求设计师保留所有的一砖一瓦，每栋楼我们都是以原房东的名字来命名的，为什么这么做呢？我希望把村子里的故事、老建筑的故事、老房东的故事延续下去，我觉得具有年代感的建筑特别好看，我也希望改建完的这个酒店能和周边的自然融合在一起，所以我们选择在原先的建筑上再设计，而不是推倒重建，我们希望保留建筑的原始韵味。

随性做决定，专注做事情，不怕失去，只想创造。我心里有张地图，一直向前延伸。有客人曾说：“西坡这个家，对你道早安和晚安的方式，都是想要养胖你”。那个瞬间，我的心真的颤动了一下，后来这句话成了我们的广告语。我常常在想，或许有一天，我们可以对每一位客人道一句：“最近还好吗？”就像老朋友一样。

两山之路——民宿是乡村振兴的入口

第一栋西坡是从 2013 年开始做的。有一天一起工作的阿姨和我说：“老板，你知道吗？在我们隔壁有个碧坞村，有两个很厉害的刚毕业的大学生也和我们一样，把原先的工作辞掉了，租了村子里最破的 7 栋房子。”在阿姨的眼中这是不孝顺的，她认为父母把他们培养成才，上好大学，有好工作，现在却在农村跟我们一起作伴。其实，莫干山就是因为这样一群人，才使入住率逐年增加，入住率提升后才有了如此多的返乡青年来到莫干山工作，他们做得都很优秀。莫干山是通过“外来引领”“返乡创业”“当地村民”结合而发展起来的。

2015年，西坡同当地的果农建连合作。建连每天早上四五点钟就起床摘梨子，摘完之后就开着自己的拖拉机不管刮风下雨都跑去城里卖，早上能卖 7 块 / 斤，下午就只能卖 3 块 / 斤。我们当时用 8 块 / 斤的价格把所有的梨子都收购过来，用他的梨子做成欢迎水果、夜床点心，还做了梨膏，这是一个共赢

西坡·莫干山

的模式。有了这样的一个先例之后，我们又做了类似的与板栗园、桃园合作的项目，比如和当地的绿色有机农业合作站合作。后来慢慢发现，当地的阿姨年收入超过 10 万的也不在少数，在民宿里一起共事一年大概是 4 万，加上阿姨自己卖鸡蛋、笋干、茶叶、土鸡等农副产品，可以做到年收入 6 万元以上。

接下来讲讲西坡的“好邻居”—— 森山居。创始人朱阿姨，原先 2013—2015 年在西坡工作，她做着做着觉得自己也能做民宿，于是和我商量，我认为这个想法非常好，在设计、推广、平台上也给到了朱阿姨建议和支持。这家森山居也不是朱阿姨自己一个人在做，她让自己的儿媳妇佳佳回来一起打理民宿，现在佳佳的收入比原先在城里工作时高。很多人觉得在自己的家门口就能工作，而且比城里更有获得感和归属感。这是一个当地就业、再就业，以及返乡青年创业非常好的案例，这样的案例在莫干山比比皆是。

此外，西坡还成立了西坡关怀基金，资助当地贫困的小孩从小学到大学的学费，不单单只做这些，六一儿童节以及他们的生日，我们的团建活动都会邀请他们一起参与，陪伴他们一起成长。这样的事情不止西坡一家民宿在做，我们做得还不够优秀，很多其他品牌做得更好。

我想要的地方是生活着的

从做莫干山的民宿开始，我就有一种想法，被尊重的不只是千年的古建，那些存在了几十年的近代民居更应该被带到当下的生活里。2015 年，我在千岛湖靠近徽州的尽头遇见一个老社区。大迁徙在这片三角洲留下了更集约的功能区（比如榨油厂、造船厂、谷仓），也创造了更亲密的邻里生活（比如千岛湖第一批移民聚居的四合院落和渔民的家）。三角洲头，60 年风吹草长，水面下方是千年古城，水面上方是刚刚建成 60 年的姜家镇。当时我的脑海里就已经浮现出它以后的模样。

2017 年 4 月 28 日，西坡千岛湖开业，“一家新酒店，一开业就是旧的”。不炫技，不强加设计，不强烈求好，没有直线条。只是在传统的基础上，做了一点现代的修正。

如今，西坡千岛湖渐渐由旅行目的地迭代到婚礼目的地，每个月都会有好几对新人在这个自然之地许下他们的承诺，有新娘说道：“我想要的‘wild’‘raw’‘natural’，这里都有，与我梦想中的地点不谋而合。”这大概也是很多新娘对半岛一见钟情的原因吧！

2018 年，西坡第三家店，也是走出浙江的第一家店，直接开到了临着滚滚黄河的宁夏中卫，也是黄河・宿集民宿群的首个开业项目。我们带着一群自己的施工团队，去沙漠绿洲盖房子、造院子，亲手恢复了一个黄河边的美好村落。我们想给憧憬西北大漠的旅人打造一个除了安眠更能居心的家。

我们把那些残破的房子交给懂它们的设计师，设计师探访了黄河沿岸的数个村庄，凭借周围乡村的民居特色和村民对大湾村的回忆，打造出了有当地风貌又兼具民宿舒适体验的西坡中卫。通过设计、改建、修复，原先老气、土气的村子变得有朝气、有活力。老房子保留下来了，年轻人回来了，乡村活跃起来了，村子成了旅游目的地，老百姓也有了获得感。

西坡・千岛湖

站在今天的角度来看，西坡中卫这个项目是黄河·宿集带给整个民宿行业的革命，它改变了常人的思维，更改变了西北半年没有度假游客的历史局面。新冠肺炎疫情过后的“新西北”更是火爆，入住率高，旺季基本都是一房难求的状态。《亲爱的客栈》的拍摄地就在西坡中卫。

2019 年，我们又在宁波象山海边的一个小渔村开了西坡的第四家店，恢复了一个非常平凡的、没落的小渔村，原先的老建筑是四级文保单位。院落是中国最为典型的一种居住形态，我们想要保护好老建筑的形体，于是把这近 200 年历史的古建筑一点点修补、重建，顺着它本来的骨骼去生长。这样的院落在当代不能仅仅只“被注视”“被参观”，西坡一直希望在这样古老的村庄中，找回人的情感价值，再现一种大家庭的生活图景。我们认为最好的保护，就是保护性地开发。西坡想要做的事情很简单，也很困难。我们想把回村子里的路灯点亮，给你烧一顿拿手好菜，让你感受到期待已久的海边生活。

2020 年，西坡·江山项目也会和大家见面。

“西”是开放的，包容的；“坡”是在地的

当你熟知一种美妙感觉背后的困难程度，并且深知你能获得这种感觉时，剩下的就是用大量的时间难为自己了。比如，你几乎很难在这里看到批量化生产的东西。所有的产品，要么是从全球淘的，要么是自己的软装公司设计的，我们也会用废弃的铁皮设计、制作一盏灯具。我希望推开门，看到的不是宜家款的产品，也不是淘宝货，更不是 10 年前的产品，以后也不会有这种产品。西坡已经做了 10 年，几十万个住客，几百号员工，总结了上百条规避和改善建议……不仅体现在硬件和建筑改造上，同样也积攒了足够的经验，提供给住客美好的生活体验，将民宿融入乡村的日常生活中。

西坡·千岛湖

西坡 · 千岛湖

我们每天都在经历新的事物，对于我来说，每天都是挑战，如果非要说节点，一定是原先做第一栋楼的时候，采用类似家庭作坊式的模式运营西坡，慢慢转到职业经理人模式之后，才开始反思到底是往原先的家庭作坊方向去做，还是往未来品牌化、规模化方向去做，这时候就需要我做出抉择了。这是我做民宿过程中非常重要的一个节点，在当时看起来也是非常痛苦的事情：要么做家庭作坊，要么做民宿品牌。最终我还是选择了后者，往品牌化、规模化方向去发展，把我们的价值扩大。

发展到今天，然后就是这段时间正在经历的节点。原先的职业经理管理的模式带给西坡很多很好的东西，但是如今在民宿这个行业，随着社会不断地发展、不断地迭代，我们唯一不变的就是不断地拥抱变化，所以，接下来我们会往单店店长负责制这个方向去转，这也是一个重要的节点。

工作与生活管理原则

当行业处于动态发展的前提下，我坚信拥有一支好团队比拥有更多的项目更重要。好的团队一定是扁平的，团队中的成员一定是经过优胜劣汰的。对于我来说，最重要的是团队成员之间有共鸣、有化学反应。团队成员之间最好的关系状态是互相了解，这样的关系是最有利于发展的，这也是西坡一直被称作民宿界的黄埔军校的原因。

我的工作原则一定不是规则化的东西，很多东西都是在一个好的工作氛围中大家聊天聊出来的。我喜欢既严谨又放松的状态，有共同语言，价值观相近。因此，西坡的经营理念是正规不正式。西坡的核心竞争力是西坡的人，即所有的小伙伴。

因为行业的特殊性，我的生活和工作已经融为一体，我也享受其中。为了保持最好的精神面貌，工作之余我也一直保持一定量的身体锻炼，每周保证 3~5 次的游泳和跑步，这是我几十年一直坚持的习惯。就像很多书上讲的一样，你吃过苦，受过委屈，才有可能在未来收获更多的成果，看到更美的风景。

同程集团

1976年生，江苏淮安人，同程集团创始人、董事长。江苏省第十三届人民代表大会代表，江苏省工商联副主席（兼），先后荣获江苏省五四青年奖章、中国旅游投资十大先锋人物奖、中国旅业互联网风云人物等荣誉。

吴志祥

同程集团 | 创始人、董事长

创业就是吃最多的苦，担最重的担，看最美的风景

“学而不思则罔；思而不学则殆”。创业18年，我每天都坚持复盘，回过头来看，仍走过很多弯路，踩过很多坑。在我看来，创业就是吃最多的苦，担最重的担，最终看到人间最美的风景。当然，这需要有穿越时间长河的眼光、能力和心境。

创业历程

十余年创业路，个人对于成功、商业、团队的认知其实是一个不断迭代的过程。早在2000年，我在阿里巴巴做中国供应商销售，我当时做的工作可以用这样一个场景来形容：拎着自己买的笔记本，穿着自己买的西装，坐绿皮火车到常州，坐中巴车到镇上，再坐拖拉机到村边。村里有村办企业，我一个个地找过去说：“xx老板，我是阿里巴巴的，我们公司老板叫马云，希望你给他交3万块钱。”“为什么？”老板问。“因为你交了3万块钱以后，我们会给你的厂拍照片，然后将照片放到一个叫阿里巴巴的网站上，美国人看了以后会买你的东西，给你3万美金。”现在听起来仍旧很荒诞的事情，但我却在阿里巴巴坚持干了2年。在阿里巴巴学习的那一套方法论，后来我们依葫芦画瓢，带着一帮兄弟成就了如今的同程集团，说明这套方法是有效的。

2002 年，我给阿里巴巴高管写了一封邮件，提议打造一个旅游行业的 B2B 平台，但没有被采纳。于是同年，我离开阿里巴巴，与母校苏州大学的老师和同学一起，在苏州大学教职工宿舍开始了自己的创业之路。

创业之初，从价值观表述到商业模式，到最底层的产品乃至源代码，我们全面模仿阿里巴巴。在市场推广过程中，也借鉴了阿里巴巴中供“铁军”的组织和动员方式，很奏效。第一个热门产品——网上名片诞生后，创业之路一路顺风顺水，2006 年，同程的净利润已达四五百万，赚下了第一桶金。然而，我的这种满足感在 2006 年参加 CCTV《赢在中国》时戛然而止，当时的评委老师评价我们团队旅游 B2B 业务是“苍蝇趴在玻璃上，有光明没前途”，于是我对整个行业和公司的发展方向有了新的认识，回到苏州后就立即着手对转型 B2C 领域的探索。在创业的前十年中，我对于企业发展的认识仅仅局限于生存、赚钱、上市，认为创办一家企业首先要能活下来，然后能赚钱，最后能上市敲钟就算成功了。在与投资人的沟通中和变化莫测的市场竞争中，我对企业发展的这些认识不断发生迭代。2010 年同程的营收超过 1 亿元，那个时候我们一心只想上市，为了上市，似乎什么都可以忽略，包括当时如火如荼的移动互联网潮流。

然而很快，我的这一认识就被市场“教育”了。我发现我们熟悉的 SEO 获取搜索引擎流量的方法已经没用了， 2013 年 PC 端互联网的流量逐渐开始走下坡路，消费者习惯也开始转变，由 PC 端向移动端转移。2013 年下半年，同程每个月的净利润额都在下降。创业以来的首个年度亏损让我彻底认识到了一点：让我们把全部精力都搭进去的 PC 互联网时代确实过气了，移动互联网时代真的来了，再不下决心投入，我们就会被时代彻底抛弃。

我终于意识到，原来自己是按照传统企业的思路在经营一家互联网公司，身处“天堂”苏州，对外部世界的感知也相对滞后。经过团队的复盘和与投资人的深入交流， 我们立刻调整策略，下定决心“all in 无线”。我们在一周时间内完成了对无线事业部的架构调整和人员扩充，将全公司所有的资金、最好的团队、最优秀的人才全部投入到了移动互联网。随后，我们通过 1 元门票在移动互联网领域打了一场漂亮的翻身仗，APP 的下载量一飞冲天，6 个月间排名上升到第 3 名。

回头看，受制于认识上的局限性，在 1 元门票这场几乎完胜的战役中我们依然错过了更大的想象空间。在 1 元门票做得最红火的时候，有同事建议通过“1 元吃鸡腿”“1 元吃火锅”涉足互联网餐饮业，很快就被我和其他几位创始人否决了，几个月后，美团决定做外卖业务。现在看来，如果当时眼光再宽广一些，也许我们就是现在的“美团”。

认识上的局限性，不仅让我们错过了开辟新商业模式、引领变革的机会，也错过了更好的选择。这个真实的案例如今也经常被我拿到零程大学商学院的课堂上与学员们分享，希望后来的创业者能够汲取教训，以更加宽广的视野审视自己的事业。

最近我越来越深刻地感觉到，企业的天花板就是创始人，创始人的高度决定了企业的高度。每一个人都有思维和认识上的盲点， 只有保持头脑的极度开放，积极接受外部的知识和观点，才能最大限度减少决策失误。

同时，为了避免“一言堂”所导致的决策失误，公司整体的决策机制由过去的“自上而下”转变为“自下而上”，对身处业务一线的项目负责人充分授权，市场如何打、产品如何做、预算如何定…… 这些关键决策必须由项目负责人来做，公司最高决策层的工作应该侧重于战略和方向。同程决策层需要“stay foolish, stay hungry”，让一线员工和项目负责人敢于提不同意见，使整个团队保持对新方向、新机会的探索欲望。

于是，在同程艺龙香港上市敲完钟的第二天，我们有一个高级副总裁下定决心要去“卖菜”，马上向我提交了辞职报告，个人抵押了房子，带着 20 个人在同程众创平台上开始创业，成立了一家叫“同程生活”的新公司。他亲自逛菜场，去农贸市场，去田间地头“买菜”，再“卖菜”，两年多的时间，同程生活的市值已经从1000万元人民币涨到十亿美元，实现了几百倍的增长。

工作原则

相比于做出一个优秀的项目，带出一支优秀的队伍更加重要。经过十余年创业实践的不断验证和学习，在经营管理方面，我总结出了一条原则，即带好队伍是做好项目的前提，一个好队伍比一个好项目更重要。正确的战略、正确的赛道、优秀的团队，这些都是企业取得成功的关键。但是，对于一个创业者来讲，想清楚了战略，如果没有很好的团队作为支撑，就会做不到、学不像。

对此，我总结出了一个公式：组织能力 = 创始人 × 平行竞争。创始人确实非常重要，但只有创始人自己优秀是不行的，还要把队伍带好，让队伍之间平行竞争，优胜劣汰之后沉淀出一些既能打胜仗，又认可公司价值观的人。当这些人沉淀下来之后，即便将来行业变差，公司也可以修正之前的战略再出发，因为这些人可以找到更高利润、更好的行业去做。优秀的队伍在危机来临时尤其显得重要。

2020 年，一场不期而至的新冠肺炎疫情让旅游行业全面停摆。面对新冠肺炎疫情危机，我把主要的精力用在了团队建设上，并总结出了一套完整的“三板斧”工作管理方法，在复工第一天的视频晨会上分享给整个集团的同事。

（1）第一板斧：使命感、仪式感、危机感，让团队能够动起来。就算在家办公，也应该穿工装进入上班状态，也应该有晨会和晚会。要通过视频让大家感受到自己的存在，让大家感受到自己是被需要的，有序地进入到工作状态，找到生活的价值，在工作中找到乐趣，获得成就感。同时也要告诉大家这是一个国家的灾难、一个团队的灾难，我们应该齐心协力，否则将面临公司的破产、员工的失业。

（2）第二板斧：定目标、追过程、拿结果，让团队能够跑起来。要定好1天、3天、1个月的目标，根据目标去设定过程性指标，要在绝望中寻找希望，比如同程，当旅游业停摆后，可以去卖菜，可以去尝试新业务、去打样，拿到结果，让团队跑起来。

（3）第三板斧：日报、晨会、晚会，让团队能够兴奋起来。阿里巴巴晨会和日报的企业文化，我非常赞同，这是非常好的分享、复盘以及与上下级沟通的方式。这么多年来，我一直坚持开晨会、写日报，整个集团也一直如此。我一直觉得创始人自己一定要有信念，不要成为90%的普通创始人，要让你的团队感受到你的坚持，感受到团队的力量，好的工具加上把人心聚拢起来，效率才能提升。

生活原则

选择一个正确的行业，在工作上有所成就，同时，照顾好家庭和孩子，保持

同程集团

身体健康也很重要。无论是工作还是生活，都应该像苦行僧一样坚持。

之前有个很有意思的访谈，问很多即将离开这个世界的人，你这一生最后悔的是什么？90% 的人说，我年轻的时候没有好好努力，所以一事无成；80% 的人说，我进入了一个错误的行业；70% 的人说，我没有关注家庭，也没有把孩子照顾好；60% 的人说，我对不起我的另外一半；50% 的人说，没有健康的身体。反过来的话，就知道关于人生，最重要的是做好哪几件事。

我认为，首先，你应该花 90% 的时间在你的工作上，让你在工作的时候能够有成就感；然后，选择一个正确的行业；最后，把家庭和孩子照顾好，同时注意身体健康。将这几件事做好了，我相信你的一生应该是比较幸福和圆满的。

日常生活中，我也是按照这几个方面去做的，每天晚上我都会陪孩子，给他们讲睡前故事，周末里留一天时间陪家人去户外爬山、运动，剩余时间我都会投入到工作中。

工作之余，我喜欢跑步，因为跑步是一件既可以强身健体，又可以让大脑休息的事情。我还给自己定下了一个小目标，一年跑 1000 千米，这样自己再跑 40 年就能绕地球一周。

2020 年 2 月 22 日，从早上 8 点至第二天凌晨，我们进行了一场 16 个小时不间断的直播，这也是中国旅游业有史以来单场直播时间最长的一次。我全程主持了这次直播，邀请了行业内外近 50 位重量级导师教大家如何做抖音营销、如何应对新冠肺炎疫情难关，等等，这是一次非常好的尝试，后续我们又不断加场，覆盖旅游、酒店住宿、经商创业、餐饮等多个行业，不断刷新直播纪录。截至目前，我也一直坚持直播，直播了几百场。

后来，我看到腾讯推出了视频号功能，于是下定决心每天录视频，并且告诉我们的朋友："只要微信存在，我可以录 10 年"。2020 年 4 月 22 日，我发布了第一条微信视频号，至少重拍了 20 次。到现在，我已经累计发布了数百条视频，不管多忙，我都会坚持把自己一天的思考和收获与我的粉丝分享。

澎湃的记者之前采访我，问我最欣赏自己身上哪点特质？我说无论是创业还是生活，我只要看准一件事情，就会无比坚定地去坚持、去重复，像苦行僧一样。比如，当我在阿里巴巴意识到开晨会的重要性后，开晨会我坚持了 18 年；当我在阿里巴巴学到了写工作日志、创业日记，每天写工作日志我也坚持了 18 年。

我始终坚信这个世界是公平的，你只要能够坚持下去，世界一定会给你一缕阳光。

未来思考

同程艺龙的上市是同程创业十余年的一个阶段性成果，同时也是一个新的起点。下一个十年我给整个集团定的目标是“两个 1000 亿”，旅游主业做到 1000 亿市值，另外，投资孵化再加速 100 家企业、1000 亿市值。站在新的起点上，我们在旅游产业链上的布局基本可以支撑未来千亿市值的目标。同时，我认为，能够不断成就优秀团队的公司才能不断实现自我超越，依托同程生态，以同程的方法论、文化价值体系应该还能再孵化出千亿市值。

我们对于投资孵化的布局最早开始于 2017 年，也就是同程资本成立的时间点。经过近 3 年的摸索，同程资本已经形成了一套成熟的“陪伴式创业”投资孵化模式，从选人、选项目到融资，走出了一条具有同程特色的投资加速道路。

在选人方面，我们重点关注那些高潜力创业者，他们想成功的欲望超过一切，甚至超过他们的生命。因为当他们把生命注进事业，他们的那份事业就有了生命，在遇到坎坷的时候，他们就会用尽所有的能量往上爬。被选定的团队，我们会要求创始人将办公地点搬到同程集团大厦内，我们从团队建设、赛道诊断、产品选择等方面提供全方位的辅导，帮助这些团队从零起步，逐渐将商业模式跑通。

在选择赛道方面，我们将重点关注旅游、大消费、中老年产业、教育等领域，先后投资加速了蜜蜂村落、小强停车、聪创科技、臻旅科技等 30 余个极具成长前景的创业项目，更是孵化出了同程生活这样快速成长的明星项目。

创业就是受人间最多的苦，担人间最重的担，最后看人间最美的风景。这注定是一条艰辛的修炼之路，但我仍旧奋力奔跑。因为，用一个创业者的姿态走完生命的全部路程，让自己和自己周围的人能够更加快乐，这是我给自己生命意义的定位。

借宿・巴谷宿集

“借宿”创始人，杭州民宿行业协会执行会长，《悦游》年度旅行领跑者。资深媒体人，曾在浙江卫视、都市快报工作，和《上海壹周》联合创办时尚生活周报《浙壹周》，任执行出品人。莫干山民宿“第一人”，莫干山民宿学院联合创始人，“宿集”概念践行者，已成功打造民宿集群“黄河宿集”及“巴谷宿集”，创立高端民宿品牌“飞蔦集”。

夏雨清

借宿 | 创始人

从莫干山出发，从异乡回家

2016 年，罗德胤教授邀请我去河南新县，在第一届乡村复兴论坛做一个演讲。他是论坛主席，给我取了个标题“从莫干山到松阳”，让我谈谈为什么离开如日中天的莫干山，去了当年还几乎无人知晓的松阳。后来我又加了几个字：只是一个开始。其实“开始”有两层含义：一个是我进山的开始，另一个是助力乡村建设的开始。

“莫干山民宿第一人”

2000 年，是我进山的开始。那年秋天，我在浙江卫视工作，去莫干山拍了一个宣传片。那时的莫干山还不是中国民宿的高地，刚过了黄金周，山中根本就没有人，整座山都是空的。

我在山上待了 7 天，看中了一间房子，叫颐园。我穿过民国时期遗留的台门，从落满红叶和桂花的台阶走过，进入颐园，院子很大，有很多棵树，槭树、木樨、金钩子、金钱松、山茶，都有上百岁了，门前有小溪流过，完全是一幅绝美的山居图。

我喜欢上了颐园，念念不忘，一咬牙，租下了这个近乎废弃的房子。当时所有人都以为我疯了，房子虽然漂亮，但毕竟是 20 世纪 30 年代遗留下来的，非常破败，房顶都坍塌了，有什么用呢？我当时的想法很简单，就是希望有一间能陪女儿慢慢长大的山中小屋。

女儿还小，特别喜欢养各种小动物，如狗、鸡，山上的条件可以满足她的所有想法。我就花了几年的时间来改造这个房子，改造后的颐园有 5 个房间，每一个房间都带了卫生间。这在当年不多见。就这样，那几年我们就住在了莫干山。

2006 年，颐园来了一个邻居，叫马克，是英国皇家卫队退役上尉。现在莫干山的发展跟马克紧密相连。他是上海一家英文杂志的主编，和合作伙伴闹僵了，索性就来莫干山开了一家叫 The lodge 的咖啡馆，这是他谋生的手段，也是归隐山林的一种理想。他利用在上海当杂志主编时的关系，邀请了很多外国友人来莫干山喝咖啡。

从上海到莫干山有三四个小时车程，不可能只喝一杯咖啡就开车回去吧？那个时候的冬天，莫干山旅馆都是关门的状态，没有任何地方可以住恰巧我的房子有取暖设施，外国人喜欢，所以就借宿在我那里。随着借宿的人增多，颐园就变成了民宿。这也是莫干山第一家民宿。

后来有人说我是“莫干山民宿第一人”，那就有歧义了。最初，我只想拥有一栋房子陪伴女儿成长，让朋友来了也可以住得舒服。因为当时山上没有游客，所以也没有想到会开民宿。转念一想，如果没有民宿，怎么会有人来度假呢？

这是我后来为民宿和宿集选址时最先会考虑的因素。当时不是人们不想来莫干山，而是没有匹配这绝美之地的产品，也就是缺一家美好的民宿。

后来很多人想在莫干山住下来，开民宿。裸心谷的高天成，法国山居的司徒夫，都是被马克吸引过来的。现在裸心谷的名气很大，在我看来，马克才是莫干山中兴的第一推手。

借宿 · 黄河飞蔦集

借宿 · 黄河宿集民宿场景

借宿 · 巴谷宿集

借宿・黄河宿集第三方活动

晚清、民国时期，中国有四大避暑胜地：莫干山、鸡公山、庐山、北戴河。这些地方都是传教士发现的，它们有一个共同的特点：离主要的开埠城市近。莫干山离上海近，鸡公山离武汉近，北戴河离天津和北京都近。

寻找避暑地，是当年外国人的生存大事。中国的夏天很热，当时卫生条件又差，传教士适应不了，所以他们需要找地方躲避"暑杀"。比上海气温低10℃的莫干山，就成了外国人的天堂。

你能想象 1928 年以前的莫干山是什么样子吗？当时杭州还是乡下，莫干山却和上海滩一样，很洋气：一条不到 100 米长的荫山街，集聚了三家百货店，四五家牛肉铺，多家银行，多家旅行社，多家旅店和两三家书店（如商务印书馆和中华书局），有电话，有电报，当然，还有电灯。几平方千米的山中，有几十个游泳池和网球场，每个周末还有一场音乐会。

当年山中最好的"民宿"是德国人巴布开的，夜里灯火通明——在煤油灯都是进口货的民国早年，他就让"民宿"有电可用了。很多山上有别墅的人也会住在这家高端"民宿"里。

据说，当年莫干山外国人人数最多的一天超过 5000 人。现在的莫干山也望尘莫及。

我为什么来到松阳

在莫干山待了很多年之后，有一年我去了松阳，为什么要去松阳？那几年莫干山很热门，山中有五六个景点，一半在颐园附近，到了夏天，人们都来到颐园的院子里来，有时还会参观房间。我觉得莫干山太热闹了，希望寻找另外一个落脚地，而松阳就是这样一个去处。我曾经说过一句非常煽情的话："十年前你错过了莫干山，现在你还会错过松阳吗？"

到了松阳，我先在县城的明清古街上开了一家杂货铺，这是一条充满生活气息的老街，街上有十几家打铁铺、草药铺、弹棉花的店铺，当然，更多的是老式理发店。

我的杂货铺叫山中杂记，有人说，它应该出现在繁华的城市，而不是偏僻的松阳。山中杂记一楼是书店和在地风物，二楼是茶室。书是我自己挑的，风物是我们重新包装的，包括当地的古法红糖、米酒、山茶油和金枣柿。随后，我又在山中杂记边上，把一所民国小学的旧舍改造成了有 13 间客房的民宿——茑舍。

2018 年，我在松阳海拔八九百米的山上开了另一家民宿“飞茑集”，边上是先锋书店。这个村子叫陈家铺，在明朝时期是一个驿站。

飞茑集改变了我和乡村的关系。此前，作为一个从海岛走出来的人，我对中国乡村的凋败感同身受，有时候也觉得自己无能为力，只能看着它们逐渐消失，就像我的故乡一样。飞茑集让我找到了乡村振兴的一个小小的入口。

黄河宿集是怎么来的

为什么不把那些国内有号召力的民宿聚集起来，把他们发展到那些需要它们，又热爱它们的地方？比如宁夏中卫。这是中国第一个民宿集群“黄河宿集”的由来。

借宿 · 黄河宿集沙漠星光晚餐

其实，这个“第一”，本来应该出现在松阳。我找到了一个废弃的村庄，也邀集了大乐之野、山舍这样的民宿，最终却被合作伙伴变成了一个房地产项目。这是我在松阳最大的遗憾。但因祸得福，在宁夏，我们创造了中国文旅项目的奇迹。

我曾在一篇文章里写到黄河宿集的开始：“2016 年夏天，在杭州，一个温州煤老板来到我的办公室，请我去中卫……”煤老板叫陈祖品，华正文旅创始人。我喜欢叫他煤老板，因为这个称呼亲切。

那几年我在做民宿众筹，找过来的人太多，聊的时候兴起，聊过也就聊过了。何况煤老板申请的地没批下来，这事就不了了之了。直到一年后，我在朋友圈看到煤老板发了几张工地照片，忽然想起中卫这个地方。3 天后我乘坐飞机去了中卫，在煤老板黄河边的工地小院，吃着瞿哥用鱼叉捕获的黄河鱼，尝着煤老板下厨做的温州菜，我帮他算了一笔账，具体怎么算的，我忘了，但我记得他当时想做一家像安缦一样的野奢酒店，结论是 33 年收回投资。这显然不是一个好生意。

很多人提起中卫，会一脸茫然：“中卫还是前锋？”我不一样，中卫一直是我梦想中和撒马尔罕一样重要的神秘之地。大学时，我买过厚厚一册《中卫岩画》，知道中卫的荒漠里躺卧着世上最密集的史前岩画。我在浙江卫视工作时，就想去那里拍摄。后来黄河宿集开了，我们专门为岩画开了一条旅行线路：大麦地岩画咖啡之旅。司机会送你去无人区看岩画，如果你累了，会为你搭好帐篷，煮好咖啡，摆开打猎椅，准备好下午茶，这会不会有一种非洲狩猎的既视感？

2017 年夏天，在有点凉意的黄河小院，我大笔一挥，说：“我们做个民宿集群吧！死过去的那种。”“死过去”是我们台州、温州的俗语，也是煤老板的口头禅，意谓好得不得了。煤老板住过很多民宿，我写了几个品牌，他和这些民宿都很熟，一切水到渠成，他先挑出自己想要的民宿，然后我给民宿老板打电话：“西北有矿，速来。”没几天，最终定下来五家民宿，其中一家陷于财务危机，中途退出了，煤老板自己做了个南岸（Nann）品牌。这事就这样成了。

黄河宿集凭什么红

黄河宿集的合作形式很随性，煤老板先买了一块地，按照民宿品牌的图纸，建好了毛坯，装修和经营由民宿具体操作。我和华正文旅又成立个运营公司，负责运营民宿以外的其他工作，比如餐厅和旅行线路，包括持续引进业态和品牌。为什么持续引进？黄河宿集这块地有 58 亩，5 家民宿只用了三分之一，另外的空地就需要业态填充了。这恰恰是我的优势。

我和煤老板说：“不要急着填满，要找到合适的。”那个夏天，我们引进了希腊生活方式品牌 COCO-MAT，和飞蔦集一起做了一家只有一个房间的联名民宿。还有一家北京传媒机构的书店，也在设计中了。

很多书店都在乡村中出现了，像先锋书店、方所、钟书阁。我们不想在黄河宿集里只开一家书店，而是要以此带来跨界客群，一起改变西北半年淡季的历史。北京这家传媒机构刚好符合我们的诉求，在它的背后，有许多明星和奢侈品品牌资源，这是我们最看重的。

黄河宿集在 2019 年 2 月 1 日开业，那时离过年不过 7 天，而且大家应该早定下来春节的旅游目的地了。冬天又是西北传统的淡季，淡到一个度假客都没有。那为什么在此时开业？其实，我也想早点开业啊，因为南方施工队没经验，水管埋得不够深，埋在冻土层里，本来计划 11 月开业，等到快开业时，发现水管全冻住了，只能重新挖，开业时间就这么耽误了。

虽然没有按时开业，但是那一年春节，黄河宿集最高入住率却达到了 85%，客房均价 2000 多元，到了五六月份，入住率已经很可观了，七八月份更是一房难求，直到 11 月份中下旬，才开始有了空房。2020 年更是夸张，6—10 月份，整个宿集 66 间客房，天天都是住满的状态。

黄河宿集是如何创造奇迹，和李子柒、SKP 一起，被誉为 2019 年三大文旅消费爆款项目的呢？或者，就像很多人一样有一连串的疑惑：为什么是宁夏？为什么是中卫？为什么是黄河？

九曲黄河，流过的省份很多，宁夏中卫是第一市。黄河在这里拐了个大弯，留下一片叫南岸的半岛，一个叫大湾的古村。大湾村集合了大漠、戈壁、黄河、绿洲、长城、古村这样稀缺的元素，直达人心，这在国内是非常罕见的。黄河宿集就是以前的大湾村，看起来也就像西北的一个小村子。

黄河宿集直面黄河，对岸就是中国四大沙漠之一的腾格里，陡峭的沙壁之上，是横穿沙漠的包兰铁路，在宿集里，可以看到绿皮火车缓缓驶过，晚上则是一条流动的光带。

宁夏太美好，单单一个戈壁，就颠覆了我们的认知。提起戈壁，会不会让人想到荒凉的无人区？而宁夏不一样。那条串起黄河边古村的戈壁公路，美得就像美国 66 号公路；《舌尖上的中国》里提到，“盐池滩羊天下第一”，盐池滩羊就来自这戈壁滩上散放的羊群；戈壁滩的石头缝里，还出产大大的、甜甜的硒砂瓜……这里的黄河也并不总是黄色的，冬天清澈见底。

黄河宿集又是怎样颠覆民宿的呢？用“颠覆”这个词可能太夸张，但它至少改变了我们对度假的认知。在宿集里，民宿只是一个黄金配角，主角是这一片黄河和沙漠交织的空间。有人会仅仅因为民宿的一张床，从全国各地千里迢迢来到大湾村吗？有，但肯定少。他们更多是为了沙漠、黄河、戈壁而来。为在地而来。

借宿・黄河宿集沙漠星光晚餐

黄河还是那条黄河。我们对黄河的改变或者对民宿的改变，是融入了在地的旅行线路。腾格里跟别处沙漠不一样，多水，据说有一百多个湖泊，这给了黄河宿集非常大的想象空间，我们在沙漠里做了一个不一样的产品—— 沙漠星光晚餐。我们每天用专门的车，把桌子、厨师和食材运到沙漠，布置美美的餐桌，然后再运回来，不留下任何一点垃圾。

黄河边有很多遗弃或者接近荒废的古村落，我们为此开发了一条线路，叫“古村落寻访之旅”，让人们去寻找废弃的西夏古村落。人们去黄河宿集最多的是旅拍，随便用手机拍出来的照片都是大片。

我们还做了一个牧场，在一段时间里，每天几乎都有小羊降生，小孩子最喜欢跟在小羊后面玩了。有人说过，没有一只羊能活着走出宁夏。这句话用在美食里，是夸宁夏的羊好。

黄河宿集是如何红起来的

选址对了，好产品有了，如何将产品推出去，是最后一道难关。我做了二十多年的媒体，太知道传播的重要性了。对黄河宿集这样一个市场费用零预算的项目，你只能一炮而红，没有一点纠错的机会。好在我们做到了。怎么做到的？这又是另一个话题了。

操盘宿集，就是把很多品牌聚在一起，最考验的不是钱，而是对行业的前瞻性和项目的影响力。

2016 年，我们做了个微信公众号——借宿。半年时间，这个公众号成了民宿行业领先的大号，粉丝百万，举办过几十场民宿大会，千人以上的就有十几场，第一场民宿千人大会就是我们办的，当时还卖票，票价高达 1280 元，一票难求。还和日本星野集团一起做了一场三天两晚的亚洲民宿盛会，分享到夜里十二点，依然满满上千人。从 2017 年开始，我们还每年评选中国民宿榜 TOP50，致敬那些做得好的民宿。

借宿・莫干山颐园

前瞻性有了，行业影响力有了，如何操作就是成败的关键。我们的策略是先引爆行业和朋友圈。如何引爆行业？很简单，借宿连续做了 7 天黄河宿集的“种草”，轮流介绍 5 个入驻品牌，分享它们为什么选择了中卫，还告诉大家大西北有一个摩洛哥小镇，机票只要 9 元钱（这是真的，当时银川飞中卫的航班就是这个价，有时只要 5 元，比坐地铁还便宜）。是不是很诱人？

开业前，我们举办了“先享会”，请了一些民宿主和媒体来探营，形成了新一波传播。随着天气回暖，黄河宿集也就渐渐发酵了。所以，不想红都难了。

为什么民宿是乡建的入口

黄河宿集创办的同时，我又在全国看了几个地方，比如秦岭、广西中越边境，乃至四川和重庆周边。2020 年 8 月 18 日，第二个宿集项目“巴谷宿集”在重庆垫江县开集。一开始，我不只是想开一家民宿，或做一个民宿集群。民宿只是我的工具。

和世界各国一样，中国的一些乡村一日比一日衰败，这是没法阻挡的。如何让这些乡村恢复活力，减慢它们衰败的过程，我觉得这是我们这代人的使命。有很多地方官员在了解我们的模式后都说，宿集是两山理论很好的践行者，因为它对乡村的赋能是可持续的，真正做到了多赢。

一个凋敝的乡村，一栋房子，有一个人去开了家民宿，到最后变成跟整个乡村的互动，带动乡村发展。这就是开一家民宿，到乡村复活、复兴最终的路径。只是一家民宿的影响力有限，而且缓慢，以民宿集群的方式进入乡村，可以在更短的时间内推动在地乡村复兴。

我一直认为，民宿活了，乡村才能渐渐复活。我把民宿当作乡村建设的一个入口，因为民宿可以为乡村提供一些好的就业机会，提供一份比较体面、收入不错的工作，这样才能吸引年轻人回到乡村。有了民宿，才会有年轻人，有了年轻人，乡村才有未来。

莫干山是最好的例子，十几年前，我刚到莫干山时，那几乎是一座空山。记得有一年，就我和马克两家人在山上过年，一个游客也没有。现在的春节，莫干山上千家民宿，几乎一房难求，到处都是人——度假的客人和回乡做管家的村民。有些人从家来到了异乡，有些人从异乡回家了。民宿就是这么奇妙。

没了风物，就没了乡村

乡村也离不开风物。如何让在地风物走出乡村，是每一个民宿主都要思考的问题。只要这些大地的馈赠能让村民获益，乡村才能可持续发展。如果有一天，没了村民，没了风物，乡村也就不再是乡村了。

从松阳开始，每到一个地方，我们就帮当地人卖在地风物。在松阳，我们找到了传承几百年的古法红糖，把番薯寮红糖卖出了品牌，政府还特意做了个红糖工坊，原来 15 元一斤的古法红糖现在能卖到 30 元。不要小看这多出来的 15 元，这可是纯利润呀！在陈家铺，我们和先锋书店一起帮村民卖高山番薯干，几千斤几天就卖完了，浙江省委书记车俊到陈家铺考察时还特意称赞。

在中卫，我们帮着卖黄河滩枣。中卫当地的一个农民，30 年前引进了好品种，沿着黄河戈壁种枣树，从最早的 10 棵，到现在已有三百亩的枣园。我们把他去年的几万斤库存卖光了。

我们在旅行线路上寻访的村庄，村民的红枣也被客人几天之内“扫荡”一空，以前这些红枣每年都会扔掉，因为太偏远，没人收购。很多当地的水果，像苹果和梨都在树下烂掉了，因为采摘和运输成本远超过售价。

现在因为黄河宿集，水果的销路变广了：可以用作客房水果，也可以做成果汁，或者把梨放在冬天的户外冷冻，做成冻梨，是很好的一道天然甜点。到了冬天，飞蔦集就用冻梨来做夜床点心。

民宿主是回乡的异乡人

很多人问我："你去乡村开民宿，会不会破坏当地环境？"这个世间，难道还有比民宿更环保的业态？即使农业，使用农药和化肥，种水稻、玉米也会造成污染……国内真正有机的农业几乎没有，只要集团化生产，农药和化肥就不可避免。

而民宿呢？我们就租了几栋民居开民宿，只要处理好污水和垃圾就可以了。能被民宿主看中的乡村，大多是原生态的，没有什么市政设施，肯定也没有污水管道。我们做民宿时都会做生态处理，一般采用微动力生物化粪池，使废水能够灌溉，并远高于当地标准——村里都是直排的。

民宿的发展应与乡村环境相结合，因为诗意的乡村生活就是民宿的卖点。这种卖点很有可能一卖就是二十年。所以，一个民宿主，远比一个村民更在意乡村环境。这就是他的故乡，他是第一个从异乡回家的人。

民宿改变乡村

没有到过西北的人，也许只听说过乡村的贫穷；没有见过冬天的黄河，也许会相信"跳到黄河洗不清"；没有到过沙漠的人，也许只能想象城市的沙尘暴。民宿的美好，需要亲临才能领略。一家民宿也许能带动一个村落的小小复兴。一个宿集也许能带动一地乡村的振兴。这才是民宿或宿集最有意思的地方：我们慢慢改变乡村，让远方充满诗意，让离乡的人回家。这就是民宿，无论活得是否艰难，它都在让乡村变得更美好。

背包十年青年公园 · 丽江

一个典型的斜杠青年：一个背包客，至今已经背包旅行 20 年；一个写作者，从 2004 年第一本书《我把欧洲塞进背包》，到最近刚刚出版的《背包二十年》，7 本书记录了完整旅程；一个青旅掌柜，“背包十年青年公园”也从丽江渐渐辐射到祖国的西南、西北等地，至今已经开了 8 家。

小鹏

背包十年 | 创始人

启程，一段被旅行彻底改变的人生

本科读的是国际贸易专业，当时的人生理想也是在国际贸易或者股票外汇等领域攫取人生的第一桶金，至于如何走到今天这一步，完全让我始料未及。一言以蔽之，这是一段被旅行彻底改变的人生。

追梦在路上

2001 年 6 月，我本科毕业。在毕业论文答辩结束的当晚，我就坐着 24 小时的火车硬座从天津到桂林。那也是我人生中第一次背包自助旅行，70 升的背包是找韩国的留学生同学借的，因为当时并不流行背包客这种说法。阳朔山美水美，所谓“桂林山水甲天下，阳朔山水甲桂林”，可是跟美不胜收的自然风光相比，我更羡慕那些在阳朔的西街上开青旅、开酒吧、开书店的掌柜，每天听他们聊起西藏、喀纳斯、丽江，也让我心生向往。他们每天的生活，就是一杯咖啡，一本书，一把摇椅，一束阳光，我也很想像他们一样，但是作为一个平凡的本科毕业生，这一切就像梦一样，看起来遥不可及。

就在完成了第一次自助旅行之后，我也像大多数同学一样，过上了朝九晚五的生活。2001—2004 年我先后做过 8 份完全不同的工作，有的和我的专业相关，比如物流、海运、市场，有的和我的爱好相关，比如我曾毛遂自荐，跑到央视一档旅游节目应聘实习生，也曾在《时尚旅游》杂志社工作。

虽然这些工作看起来五花八门，但它们有一个共同点，就是都没超过三个月。在任何一个老板看来，我都是一个不靠谱的员工。但是在我心里，我觉得我是一个特别靠谱的旅行者。

因为在结束这几份工作之后，我用攒下来的钱去旅行了。我发现我可以用一个 3 岁孩子的目光去看世界，我发现每次旅行结束之后，我都特别享受地把这段旅行经历通过文字记录下来，虽然我没有摄影师的技术，也没有专业作家的文笔，但是我总能记录下旅途中每一个让我感动的瞬间。当时我就想，如果可以把旅行当成工作，那一定是天底下最幸福的事情。

正好那几年也是国内纸媒的黄金时代，大量报纸、杂志的旅游板块需要游记来填充版面，于是，从 2005 年开始我再也没有上过班，而是成了一个自由撰稿人。然而，国内的稿费制度几乎几十年不变，我写一千字只能赚 300 块人民币，而我的美国同行写一千字的英文可以赚 1000 美金，收入相差几十倍。

即使我起早贪黑、废寝忘食地工作，收入所得也极其有限。而我还得用赚来的钱去旅行，否则就写不出新游记，这简直就是走进了死胡同。那几年我一直生活在北京，却从来不敢住到五环之内，我住过东五环外的通州县，北五环外的清河，即使这样，我也只能采取住在地下室、合租或者蹭住在同学宿舍等极其拮据的方式度日。有时出门三四个月，就把房子退掉，节省的房租又能供我在外面多待一段时间。

跟贫乏的物质生活相比，更让我感到迷惘的，是缺少一个引路人，没人告诉我这条路的尽头在哪里，那种摸着石头过河的感觉实在太难受了。而那年我正好 30 岁，所谓三十而立，但一切都立不起来。当时我想得最多的一个问题就是究竟应该继续追逐梦想，还是应该偃旗息鼓，打道回府。

雨季之后，一切都将不同

作为旅行者，我更喜欢在旅行中去寻找问题的答案。2008 年 6 月，在汶川地震之后，我先到成都的军

背包十年青年公园

背包十年青年公园

背包十年青年公园 · 西安

区总医院做了一周义工，照料一位战士，当他的病情稳定之后，我决定再次出发。我原本计划沿着湄公河走遍中南半岛的五个国家，但让我没想到的是，这次旅行刚开始就结束了。

那是一个叫作孟威村的地方。那个地方位于老挝北部，湄公河的上游，不通公路，每天只有一班船进、一班船出，而且没有电、网络和手机信号，就是一个与世隔绝的桃花源。我原本打算在那儿住两天，可是当我离开时，却住了整整一个月。每天白天我就和当地的孩子去游泳、捕鱼，到了晚上就着烛光教他们英文字母，日子过得异常安逸。但并不是每一天都如此，当我住到二十多天的时候，一天早晨，我整理背包，突然发现钱包里面少了 300 美金和 100 人民币。

因为我在当地有些朋友，我就问他们是否知道一些线索。他们告诉我，其实偷钱的就是我住的这家客栈的老板，因为这家客栈已经改过 3 次名字，每次改名字，都是因为他们偷了背包客的钱，背包客回到本国之后，在社交网络上建议其他人不要住这个客栈，所以他不得不改名。我一听就火冒三丈，一方面是被偷了钱，另一方面是因为寒心，因为我对这一家人还不错。他的儿子唱山歌很好听，我问他的儿子有什么梦想，他的儿子说希望成为一个歌手，我就买了一把二手吉他送给了他的儿子。他的女儿得了急性阑尾炎，他找我借钱做手术，我也借给他 100 美金。我想他不应该恩将仇报，于是去找他理论。他却一下子黑了脸，从后院拿出一把砍竹子的弯刀，说要弄死我。我一下子就懵了，因为当时已经是黄昏时分，每天唯一的一班渡轮已经开走了，我想跑也跑不了。那个地方又没有手机信号，没有电，原本这些都是世外桃源的设定，没想到却成了监狱里的铁栅栏，让我插翅难逃。好在老板没有追出来，但是晚上我也不敢睡在他们家了，我换了另外一个客栈。

那个夜晚是我经历的最黑暗的一个夜晚。当时正好是东南亚的雨季，每天都下很大的雨，雨点落到房顶，就像有人在敲鼓一样，满天都是乌云。原本这样的时刻，特别适合睡个好觉，做个美梦，可是在那个雨夜，我却一分钟都没敢合眼。孟威村有一些庙宇，之前我借过一本佛经，书中的一句话在我眼前一下子亮了起来，那句话的意思是：如果想获得内心的平静，就一定要穿越茫茫黑暗。

我在孟威村一共经历了 3 个不同的雨季。一个是真实的雨季，每天都会下很大的雨；一个是旅行者的雨季，被偷这件事就像阴霾一样挥之不去；还有一个就是人生的雨季，穿过黑暗之后，一切都变得不同起来。

2008 年 8 月，我也和大多数人一样，看了半个月的奥运会比赛。奥运会一结束，我就变得特别忙碌，来自世界各地的酒店、航空公司和旅游局纷纷对我发出邀请，邀请我到他们的国家参观访问。后来我分析了被邀请的原因，一方面是我已经在这条路上走了很久，慢慢积累起来的行业口碑让他们相信我这样的旅行达人应该会对他们目的地的推广有帮助，另一方面也是因为他们看到了奥运会的成功举办，相信中国旅行者一定是继日本人、韩国人之后最具有经济能力的亚洲旅行者，如果不是因为新冠肺炎疫情，那现在的情况也的确如此。

我的事业进入了一个上升空间，2008—2013 年，我每年会用半年的时间来旅行，其他的时间我会将旅途故事写成文字。尤其是 2010 年《背包十年》的出版，让更多人了解了背包客这个群体，这本书至今仍是国内销量较高的旅行类书籍之一，它记录了一个菜鸟背包客如何成为职业旅行者的人生转变。

为旅人打造一个乌托邦

2013 年的夏天，我在南美洲旅行了两个月。在智利北部阿特卡玛沙漠的青旅里，睡在我上铺的兄弟跟我说，他已经旅行了整整三年，他想回家了。他的这个想法深深地刺激了我，因为我已经旅行了 12 年，旅行完南美洲之后，已经没有任何目的地能让我产生澎湃的激情，我觉得我也该回家了。于是，我决定开一家青年旅舍，地点就在丽江的束河古镇。

在长达 10 个月的施工期里，每天早晨，我和搭档崔岩从大研古镇开一辆电动三轮车到束河的施工现场，然后就是一整天的忙碌。我不是蹲在路边画设计图，就是在网上购买马桶、花洒、床垫、垃圾桶，还得在现场监督工程质量，一天下来，连晚饭都咽不下，吃完饭连一个字都不想说，体力和精力都被严重透支。

最开始的半个月是最难熬的，几乎每晚失眠，因为从来没有做过那么大的工程，也担心按照自己的想法做出来的东西会变得不伦不类。一天上午，我坐在仍旧看不出模样的院子里发呆，开始想的还是很实际的问题，比如窗子大小、楼梯摆位，想着想着眼前就出现来来往往的人，就像一场白日梦，紧接着就开始担心建成之日便是美梦破碎之时。

最终支撑我做完这个工程的，其实是每天都会出现的成就感。这儿多了块瓦，那儿添了块砖，今天图书馆摆了一排书架，明天从咖啡馆传来第一杯拿铁的香味，这一切的一切，我很满足。我清楚地记得合闸通电那天，我们在院子里搞了一个亮灯仪式。我站在院子正前方，先让大家把所有灯都关掉，眼前漆黑一片，然后在我的指挥下，依次开灯（走廊灯、房间、公共洗手间和浴室），最后把所有能发光的设备全打开，包括每个人手机里的手电筒功能。亮度每提高一层，我就会拍一张全景照片。

2014 年 10 月 6 日，这家被命名为“背包十年青年公园”的青年旅舍正式开张。“背包十年”的寓意是希望这个旅舍可以从另一个维度延续我的旅途；“青年公园”的寓意是这里拥有较多的公共空间，图书馆、咖啡馆、露天电影院、娱乐区、中央水池、天台……我希望旅舍的每个角落都像公园一样的人气十足。背包十年青年公园的英文名字叫“Desti Youth

Park”，“Desti”不是一个单词，而是两个单词的词根，一个是 Destiny（命中注定），另一个是 Destination（目的地），连在一起，就是命中注定的目的地。为什么选择在 2014 年 10 月 6 日这天开业？因为这天刚好是我 35 岁的最后一天。之前在欧洲住过的一些青年旅舍都有年龄限制，按照国际惯例，超过 35 岁就不再属于青年，所以我就在 35 岁的最后一天把它建造好，从此之后，这里就是我的家，这里的大门也为所有朋友敞开。

那天晚上，我登上青年旅舍院子的舞台，做了一场名为《爱是什么》的演讲。舞台下高朋满座，爸爸妈妈坐在第一排。他们从没错过我人生中的高光时刻，从大学毕业到新书出版，再到我的第一次创业。

爱应该是一种了解。我熟悉这里的一草一木，一砖一瓦。我知道每个房间的面积，窗户距离地面的高度，池子里水的深度，投影仪的分辨率，我还知道每盏灯泡的瓦数，床垫的厚度，窗帘的颜色。

爱应该是一种坚持。无论之前把旅行当成职业，还是后来用了 10 个月时间建造青年旅舍，外人看到的永远是光鲜的那一面，却看不到旅途中的磕磕绊绊和建造青年旅舍时一个个撑不下去想要放弃的时刻。让我把这两件事做成的原因，真的只是坚持。

爱应该是一种托付。我把自己喜欢的东西全都放在这里。我喜欢看电影，就建造了一个影院级别的露天电影院，低头可以看电影，抬头可以望群星；我喜欢看书，于是把几百本书放在院子的各个角落，走到哪儿都能随手拿到；我喜欢涂鸦墙，就拜托画家朋友从全国各地飞到丽江，帮我完成了一道长达 100 米的彩绘墙。反正我喜欢什么，就让这里拥有什么。

这是我为自己和所有热爱旅行的年轻人打造的乌托邦，这里有音乐、啤酒、书籍、电影、阳光、朋友，在这儿待久了，你会忘记外面还有一个世界。

时光飞逝，转眼就到了 2019 年 10 月 6 日的五周年店庆，我再次站上同样的舞台。我先问大家“背包十年”是什么，随后自问自答：“《背包十年》最早是一本书，记录了我从菜鸟背包客到职业旅行者的转变；后来它成了一家青年旅舍，又从一家变成了好几家。其实我做这一切的目的，只是希望让更多人知道，青年旅舍不仅只是一个洗澡过夜的地方，它也不一定简陋寒酸，它不仅可以像星级酒店一样安全舒适，还能给你带来一些全新的体验，比如认识几个朋友，开始一段恋情，重拾一个梦想，甚至让那些已经被生活磨掉的锋芒重新闪光。我也知道，实现这一切绝不是一件容易的事，但路阻且长，事在人为，行则将至。”

我的自由之路

最近几年，我的旅行频率甚至比最初几年还高，旅行方式也越来越多样化，比如我会到南美洲徒步，到欧洲跑越野赛，到非洲登顶乞力马扎罗山。

背包十年青年公园 · 西安

背包十年青年公园 · 香格里拉

背包十年青年公园 · 香格里拉

2020 年由于国外新冠肺炎疫情依旧肆虐，很多原本计划环球旅行的朋友，都跑到阳光灿烂的丽江大理，于是“背包十年青年公园”客似云来，我也上岗成了一名尽职的招待员。

007 回来了。最初因为他的女儿是我的读者，就把一家都带来住。后来发现我们都热爱旅行，就成了可以称兄道弟的朋友。这段时间他原本计划去环游加勒比海 23 个岛国，机票都买了，又不得不一张张退掉。每天他都要在束河走两万步，古镇本来就不大，这说明他已经走遍了这里的每个角落。

一天喝茶时他问我：“小鹏啊，你看你已经背包走了 20 年，有没有哪个坎觉得迈不过去？”我想了想，笑着说：“以前我会说孟威村的经历，那是我人生中的低谷。但我现在想说的却是另一个答案。其实最难的一件事，就是能不能形成可以自洽的世界观，这件事我也是刚刚才做到。您看我二十多岁就不管不顾地往前走，可是心里一直存着一份担心，担心有一天，我不能再去旅行了，那该怎么办？是不是整个世界就崩塌了？早点崩还好，还有救，要是等到五六十岁再崩，可能这车就没法掉头了。”我顿了顿，喝下一口普洱茶，继续说道：“好在经过这二十年的野蛮生长，我不仅拥有了一套可以自洽的世界观系统，还建立起护城河。就拿这次新冠肺炎疫情来说，如果长期控制不住，可能辛辛苦苦创立的青年旅舍牌子就没了，而现在也哪儿都去不了，这可能就是以前最害怕面对的至暗时刻。但您看我现在，特别坦然，我觉得这就是世界观在发挥作用。而这套世界观的核心，就是找到了那条通往自由的道路。”这条路，我找了整整 20 年。

2019 年 11 月，我前往西班牙的圣地亚哥朝圣之路徒步。走到倒数第二天时，那天也是最漫长的一天，走到精疲力竭。原本我都是走七八千米才停下来休息，走到下午时，我几乎每隔一两千米都要停下来，看到咖啡馆会停下来，看到路边的凳子会停下来，看到晚霞也会停下来，那是我让自己停下来找的很随意的理由。

就在我看到晚霞之后，天色暗下来，我有点担心，因为原本早就应该抵达的目的地看起来还遥遥无期。天是那种混沌的颜色，深蓝里裹着一点点光芒，就像将死之人的瞳孔，地平线上有薄雾，视线已无法穿透。脚也麻了，变得很机械，得先用意志力发出指令，它才能完成行走的动作。

可就在那一瞬间，眼前的一切都不存在了，疲劳感也消失了。我从心底产生了一个想法——我觉得自己很帅。我当然知道自己长什么样，尤其在走了一天之后，如果照镜子，嘴角一定是耷拉的，眼神也一定是无光的，这样的外表离“帅”这个字一定相距十万八千里。但是在那个瞬间，我真的觉得自己很帅，然后我意识到，这是一种自我意识的觉醒。我们这一代人，从小到大被灌输的就是你要更努力学习，你要找更好的工作，赚更多的钱，总而言之就是你还不够好。可就在那一瞬间，我不仅觉得自己很帅，同时也觉得我的整个人生都帅极了，因为我可以按照自己的想法生活。然后接下来的那段路，越走越高兴，简直抑制不住地快活。因为我接纳了自己，接纳了自己的全部。我不仅在那一刻认为自己很帅，而是从那之后的每一刻。

最近重读《刀锋》，才意识到那一刻正是我开悟的瞬间，那个状态和拉里在印度开悟的状态实在太相似。我觉得之前对人生的所有思考在那一瞬间都有了答案。这也是背包二十年最想说的一件事。虽然我能力有限，但是我真心想要把这种喜悦分享给更多人，说不定也能为他们的生活带来喜悦。这已经与背包无关，与旅行无关，能够获得这样的启悟，是人生对我的嘉奖。

背包
十年

杏宿

浙江省民宿产业联合会副会长，湖州市民宿协会会长，莫干山国际旅游度假区发展有限公司董事长，浙江农林大学校外硕士生导师。主要策划打造了“洋家乐”品牌，让德清乡村旅游全国知名；培育了西坡、大乐之野、遥远的山、隐西39等一批国内知名的民宿品牌；起草了国内首个区域乡村民宿标准；“洋家乐”成功创建国内首个服务类生态原产地保护产品；多次受邀为国家旅游局、农业农村部等组织的各类培训班做专题讲座，受到各级地方政府、乡村旅游经营管理者和业主的充分肯定和欢迎。

杨国亮

莫干山国际旅游度假区发展有限公司 | 董事长

莫干山中“洋家乐”

毕业后我被分到偏僻的山村当乡村老师，从那时起就特别有一种想改造乡村的激情，有幸于2008年到旅游部门工作，参与莫干山乡村旅游发展，推动和见证了“洋家乐”从无到有，从小众到全国知名的过程。通过十多年的时间将其打造成属于莫干山自己的品牌，同时也是国内首个区域乡村旅游高端品牌。

莫干山“洋家乐”模式不同于别的乡村旅游模式，它不仅仅是一个项目，更是一种现象和效应，“洋家乐”是一种乡村创新，注重文化传承，生态环境保护，与村民共享。在这个新产业体系中，业主、公司、乡村、政府都找到了自己正确的位置，不知不觉做成了以民宿产业为核心的乡村未来新社区，引领中国乡村旅游的发展。

“洋家乐”带来了什么

十多年来“洋家乐”到底给我们带来了什么？首先是文化传承。在民国时期，有很多在上海的外国人、达官贵人来莫干山度假休闲。其次是景区的发展，新中国成立以后，莫干山景区慢慢地变成传统的景区，从度假到观光，经营很受季节影响。通过十多年的发展，莫干山又成了中国乡村旅游度假的胜地，即使冬天也很火爆，并慢慢走向国际化。

十多年的发展，我们不仅打造了以民宿产业为核心的“洋家乐”，更打造了中国最美丽的乡村。不单单美化、净化、绿化了乡村环境，而且让乡风文明大大提升。当地阿姨都学会了做西餐、讲外语。到了周末，以前偏僻的小山村现在车水马龙，离我们对标的欧洲小镇越来越接近。

“洋家乐”发展的真正受益者是村民，村里的房子租金比县城的别墅还要贵，大大增加了村民的收入。就业方面，有趣的是在村子里找一个会做饭的阿姨比招个大学生还要困难，村民的地位大大提高。近几年引进了很多有理念的项目，同时鼓励原住民转型升级，村民可以通过打工、自己开办民宿的方式融合发展，“洋家乐”的发展实实在在带动了村民增收致富。村民的融入是乡村旅游可持续发展的保障。

很多地方的乡村旅游带动性强，但项目经营很困难。而莫干山的很多项目确实受益匪浅，西坡 7 栋房子，29 个房间，总投入 1500 万左右，一年能做到 1300 万元的营收，这个项目 3 年就可以收回成本。前几年基本可以达到 90% 的入住率。

在德清，只要项目做得足够好，就一定可以盈利。作为全国乡村度假的标杆，裸心谷总投资 1.6 亿，121 个房间能做到 1.4 亿的营业额，铺均税收实现了 10 万元。法国山居二期 8 个房间一个晚上可以卖到 10 万元左右，价格虽高，但供不应求。

十多年的发展让整个区域理念提升。山村有了国际化的理念，外来文化融合当地文化合力发展，带动整体区域的发展，所以，“洋家乐”文化是在保护和传承传统文化的基础上融入了外来的新文化。如今，村里的阿姨会讲英语，会做西餐，村民也学会了垃圾分类处理，整个乡风文明大大提升。农家乐也慢慢转型成为“洋家乐”，村民也知道项目需要专业设计了，不再像以前一样注重房间数量，尽量把空地做成草坪和游泳池。

我们反对项目统一化、内容统一化，民宿就应该差异化，每个业主都应该有自己的爱好，应该让他们去做自己喜欢的东西，所以我们倡导不同风格的民

奥斯丁月季园

鱼缸

南麓会

栖香记

宿，比如地中海式、法式、中式等，只要项目有亮点、有特色就可以，鼓励小而精的项目。

通过这几年的实践，不知不觉让我们真正实现了乡村振兴，这个乡村振兴不是单纯的产业振兴，而是整个莫干山乡村可持续发展的提升。我们也打造了以民宿作为核心产业的乡村旅游目的地。以前是景区带动乡村旅游的发展，现在是“洋家乐”带动景区的发展，形成了很好的德清“洋家乐”模式：现在来德清的人，是为了住“洋家乐”，顺便到景区去玩一玩。乡村旅游成了目的，做成了特色，而不是附属产品。

“洋家乐”为什么可以成功

很多人认为“洋家乐”是自己生长出来的，是偶然的收获，是莫干山的效应，等等，我认为“洋家乐”的成功是偶然中的必然，是我们找到了打开莫干山的正确方式。

首先，通过这几年基础设施的提升，我们让莫干山的山村全域美丽，实现了城乡一体化。在推动民宿产业发展的同时，同步提升乡村的美化、绿化、净化。通过几年的努力，村子确实变干净了，村里看不见垃圾了，处处是景观，很有自然的美，很多村庄慢慢变成了“景区”。周末时间，连我自己都愿意带着家人到村里转一转。这样的乡村才有机会发展乡村旅游。

其次，找准定位、升级创新。做乡村旅游不是一朝一夕的事，它需要耐心和积淀，需要一个过程，它需要客源培育、产品定位、特色打造等，发展的过程其实也是一个积累的过程。“洋家乐”起步于 2007 年，用了十多年时间做成。记得当时的安吉县、临安区、郫都区的农家乐发展就已经很火爆了，它们很多是整村发展，床位数多，游客量大。周围农家乐的发展给我们带来很大的压力，只能硬着头皮上。当时我们带领几个村支部书记考察了这几个区域，再结合莫干山的实际情况，进行了认真的分析和研究，当时 395 裸心乡的出现给了我们很多启发，所以我们提出莫干山应该围绕“高端、精致、特色”做自己特色的乡村休闲旅游。当时很多人质疑我们。通过 5 年的努力，开始有主流媒体注意和肯定我们，2013 年《光明日报》就整版报道“‘洋家乐’全国乡村旅游转型升级的样板”，这也让我们更加坚定了信心。随着裸心谷、法国山居、大乐之野、隐西 39、十八迈等一批项目的建成，到 2016 年“洋家乐”成了中国乡村旅游的样板。

十多年的发展，我们坚定不只是做量，更重要的是做质，实现产业的可持续发展。我们希望游客少一点，人均消费高一点，用别人做 50 个房间的钱去做 5 个房间，房价就可以适当提高。我们卖的不仅仅是住宿和餐饮，更是服务、品牌和生态。这也很好地印证了习近平总书记提出的“绿水青山就是金山银山”。

在发展过程中我们与美国易道公司合作，做了莫干山整体区域的发展规划，不仅为区域发展指明了方向，也让政府层面看到了清晰的发展思路，提升了发展理念，坚持生态环境的保护和可持续发展，走上国际化发展的道路。

政策机制的创新是保障产业良性发展的基础。不是有好山好水的地方都可以做休闲度假项目，项目合法合规是最基本的前提，在乡村旅游发展的过程中确实遇到了很多政策问题，找不到可以解决的依据，是退却放弃还是想办法去突破呢？我认为发展的机遇很重要，错过了就没有了，在发展的过程中突破政策创新是很好的解决办法，一方面不错过发展时机，另一方面又保障了项目的合法权益。十多年的发展，我们在政策创新上做了很多国内“第一个”。

根据实际我们出台了国内第一个“民宿管理办法”，解决了民宿的消防问题，特别是木结构的老房子的合法经营问题。虽然解决过程很难，但是很值得。因为我们制度创新，所以有了裸心，裸心谷是国内第一个点状供地项目。还首创了“一把扫帚扫到底，一根管子接到底”的理念，集体经营性土地入市全国第一拍。“洋家乐”也成了全国首个生态原产地保护产品。政策机制的创新和保障实实在在为业主解决了后顾之忧。很多做法后来在全国得到了推广。如果做乡村旅游一定要到某个地方去投资，应该先了解所在地的土地和其他的政策。

我们鼓励莫干山做有温度的乡村民宿，通常情况下，游客选择民宿不只是看硬件，更在乎人情和温度，这也是中国台湾的乡村旅游受欢迎的一个原因。很多时候我们喜欢重复去一个地方，并不只是因为环境好、硬件好，还有可能是为了去聊聊家常，感受一种回家的温暖。

我们始终坚持原创品牌，通过十多年的努力打造成了属于自己的“洋家乐”品牌，“洋家乐”也是中国第一个区域乡村旅游高端品牌。有品牌就有价值，几年来，我们很好地享受到这个品牌所带来的社会效应和它所产生的附加值，“洋家乐”成为中国旅游目的地新标杆，我们的房间价格确实比杭州西湖边的民宿贵，精品民宿房价均超过了 1000 元，很多客人在预定前已经接受“洋家乐”的价格体系，当然，“洋家乐”也会提供给客人优质的服务。因为“洋家乐”的影响力，携程、Booking、优酷等国内外大平台都愿意和我们合作推广，同时吸引了各类娱乐节目和广告商来拍片。

“洋家乐”的目标客户定位很清晰，主要定位为长三角的白领和外国人，同时以 80 后、90 后为主体。目标客户定位越清晰，产品的导向就会越正确，我们不跟星级酒店比豪华，我们比空气、比生态、比服务、比特色，同样也可以卖得贵、卖得好。差异化、特色化的产品才能成功。

后“洋家乐”时代，我们应该做些什么

十年时间，“洋家乐”成为转型升级的样板，在发展的过程中确实还有很多

地方需要改进，我们也在不断探索。“洋家乐”如何对标国际，不断出亮点，成为可持续发展的样板，有待我们不断思考。

（1）“洋家乐”产品的延伸。莫干山的民宿已经全国知名，但风景和形式相对单一，在县域东部有 1700 多年历史的新市古镇，可以用“洋家乐”的理念打造古镇文化的“洋家乐”，给客人以新的文化体验，让来莫干山的客人再去新市古镇度假。

（2）“洋家乐”体验内容的丰富。现在大部分“洋家乐”主要以住宿为主，在内容体验上还不够丰富，“洋家乐”不应该仅仅停留在住宿上，可以有更多体验内容的延伸，比如根据当地特色开发文创产品。可以对新市古镇进行开发，未来可以实现“住在莫干山，吃游在新市”。2019 年 9 月开园的中国首届田园博览会主会场（奇幻谷），这个项目将打造国内一流的国际化生态体验的乐园，里面会加入很多有趣的体验项目，这样就实现了整个县域的全域旅游的产品互补。

（3）整合资源，创意营销。一些平台之前大都是单一销售民宿或者景点。现在我们与携程、美团合作，推出民宿加景点套餐和精品线路。与 Booking 合作，组团把“洋家乐”推向海外市场。通过引进凯乐石、TNF 越野赛等高规格赛事来拉动民宿的消费，我们也倡导通过民宿做公益，为社会承担一些责任，这样也可以有更多的爱心去服务客人。

如何继续引领“洋家乐”

如果要继续引领“洋家乐”，要在三个方面去努力，一是设计，二是品质，三是内容。

空间的打造要更专业。民宿虽小，但也是一个完整的体系，必须挖掘和展示

十八迈

个性化元素，因为民宿是非标产品，没有统一标准。如果是改造老房子，一定要将老房子改出新意，在保留老房子结构的基础上进行创新，提升老房子的舒适度和通透度，让老房子真正焕发生机。乡村也应该有外来文化的融入，乡村改造是一个文化传承再发展的过程，可以有创新和差异。我们希望乡村有一些新的元素，而不是只保护传统的东西，让时尚的设计形式可以融入传统文化之中。设计团队越专业，越会注重保护，注重建筑跟户外空间的融合。施工也非常重要，施工工人要成为匠人，和设计师一起去完成一个好的作品。

项目品质要不断提升。有的时候，产品做好了就没那么需要营销了，如果产品做得不好，来的人越多，负面的东西就越多。要不断满足顾客对于产品舒适度的需求。可以让客房成为美景，当我们在窗前看到美景，就可以与外面的景色融为一体，让我们的身心得到放松。注重把当地的文化真正地融入项目中，让空间成为童话世界，让美食成为艺术。

未来的乡村旅游，内容消费将成为核心。现在的消费者去民宿不是为了睡一晚，而是更加注重体验，所以内容很重要。未来民宿的消费不仅是住宿，还有文化艺术的融入。很多艺术活动、文化活动已经融入项目的体验中，满足人们的精神需求。“洋家乐”中的新书签售、书画展、艺术创作等，都已经成为一种新的时尚。未来的乡村旅游产品会有更多消费可能，越来越多的团建活动、新品发布会、网红婚礼都会选择乡村民宿。

乡村旅游行业的几个痛点及应对

（1）风口的背后可能是陷阱。现在乡村旅游、田园综合体、特色小镇等遍地开花，但真正成功的有几个？投资者在进入某个行业的时候一定要小心，要根据实际情况去分析，而不是盲目跟风、凑热闹。

（2）乡村旅游不好做。民宿项目因为交通、产权、淡旺季明显等因素，一般只能靠经营来获取利润，相对城市酒店来说风险更大，如果房价和入住率达不到一定的要求，很有可能出现亏损。

（3）做项目听谁的。需要与专业的规划设计团队合作，分析市场和消费者的诉求，如果消费者接受了，这个项目一定可以成功。

（4）如何用好专家。提防“砖家”和“忽悠”大师，要找有实操项目经验的专家合作，项目业主要学会分析和判断，方向对了，投资才会成功。

（5）重视时代的变化、市场的变化。现在的主流消费群体已经发生了变化，80 后、90 后成了主流，所以我们的产品也要顺应市场的变化进行转型升级，否则就会被淘汰。

（6）聚焦才是生财之道。在做产品的时候要思考特色、亮点，把某一个点做成亮点，你就能成功。

（7）千万不能贪大。小而精是乡村旅游项目的永恒主题，不要让乡村变成城市。

（8）接地气最重要。每个地方都有自己的文化、特色和消费人群的习惯，展示在地文化很重要。

（9）立足长远。乡村旅游产品必须立足长远，不追求短期，做纯粹的旅游，比如种植花卉，我们将种子种下去，短期不会有效果，但是 5 年后会很值钱，因为苗木在升值。

瀛轩

杭州龙门驿雷迪森庄园

湖北大学旅游管理专业学士，中欧国际工商管理学院EMBA硕士，雷迪森旅业集团总裁，浙江国大雷迪森酒店管理公司董事长，拥有20年酒店运营及高层管理经验，思想前沿、深邃，具有极强的洞察力和分析判断能力。

叶泰山

雷迪森旅业集团 | 总裁

斜杠酒店人的民族文化情怀

当时间的脚步踏入千禧年，国人揭开了新中国成立以来的黄金10年的帷幕。国家在经济、教育、科技、军事等方面都做了较完善的统筹安排，使以公有制为主体的多种所有制经济共同发展的经济体制不断完善，从而全面推动我国生产力的发展；中国加入WTO组织，逐渐融入世界竞争当中，坚持“引进来与走出去”的原则，不断发展自己。那一年，叶泰山完成了学业，满怀热情且义无反顾地投入到酒店行业。

创新思维领航酒店管理

接受过高等院校酒店管理专业教育的叶泰山从毕业后就投身到酒店行业，凭借着新颖的思路、开阔的视野在同期毕业生中脱颖而出，随之因过人的团队管理能力及运营思路，在毕业后的四年内即晋升为总经理级别。

2004—2011年，叶泰山先后担任某集团旗下5家酒店的总经理，在酒店筹建、人才培育、销售及收益管理、标准化与个性化服务建设方面都具有丰富的经验及独到的见解。作为国内较早的一批酒店高级管理人员，叶泰山既拥有国际高星级酒店规范化管理思维，又坚持走与东方文化相结合的创新酒店产品道路。鼓励团队成员与各行各业接触，用异业眼光革新酒店管理模式，他认为，世上唯一不变的就是变化，酒店管理也必须根据时代的变迁走出一条适应时代、适应市场的道路。在他的带领下，所在酒店荣获中国旅游饭店第一批“中国饭店金星奖”，当时浙江仅有2家酒店获此项殊荣。

拥有创新思维的叶泰山先生非常注重团队梯队培育，放权中层管理人员，让他们在工作过程中不断提升决策能力，打造有担当的中层管理团队。用人不疑，疑人不用，对团队给予高度的信任，建立团队成员之间的信任度，在信任的前提下，才有可能发挥团队成员的最大价值，提升团队之间的凝聚力。

他不仅鼓励团队成员创新，他自己也是创新的践行者，时下火热的直播、小视频他都愿意去亲自尝试一下，他试过亲自策划、导演并出镜集团抖音视频，并获得 30w 点赞量；他试过在拳王邹市明的拳馆与泰中旅游酒店友好协会举办关于文娱、酒店的跨界新思路直播；他也试过赋予酒店品牌一张文化的超级名片，打造属于品牌自己的 IP——雷迪森庄园 BOBO&JOJO，以土拨鼠为灵感来源，让拟人化的卡通形象成为雷迪森庄园的品牌传播大使。他坚信突破现有格局才能遇见更美的桃花源。

先是酒店人，再划一道斜杠

叶泰山评价自己是一个“不规矩”的酒店人，他认为比起酒店的标准化服务，更重要的应该是个性化，所有服务行为的出发点都应该是让客户满意，而不是标准流程。对自己有着清晰规划的他当然不会满足于只做一个酒店的总经理，他有更长远的职业规划。开放的思路，积极向上的心态，日复一日地学习伴随着他在 10 年的时间内成了集团总裁。然而，爱折腾的他怎么会就此满足，于是他一边做着总裁，一边又投入到课堂里：他选择去攻读中欧国际工商管理学院 EMBA 硕士学位。格局和视野也在这个时候变得更加宽阔了。

2015 年，整个中国都在“蹦跶”。为了推进“双创”深入开展，国务院陆续出台了 20 多项政策，地方政府出台了 2000 多项相关政策，“大众创业，万众创新”正在逐渐成为中国经济活力的催化剂。这样的利好环境怎么会逃得过泰山的射程，“创业吧！”这个声音在他脑海中愈发响亮了。他毅然辞去总裁一职，约上两位志同道合的伙伴，背起背包一路向西，这些动作一气呵成，像是蓄谋已久。

帕劳悦舍海景雷迪森庄园（筹建效果图）

杭州湖山雷迪森庄园外景

在过往的旅行经历中，他发现云南大理一带民宿遍地开花，可总是频繁易主。民宿老板娘把身上的披肩裹了裹紧，云淡风轻地告诉他："清风明月，不食人间烟火"。泰山先生望了一眼被春风吹走十里的云，猛地一拍大腿："诗歌、远方怎么就不能和眼前、苟且共存呢！"至此，初期创业的雏形渐渐清晰起来，创业三人团发挥专业的酒店运营、管理能力，与资本的对接能力，本着以成就普通人"面朝大海，春暖花开"的情怀为目的，帮助不懂得民宿运营的老板娘应付眼前的苟且，让她们放心去实现诗歌与远方，民宿选址、对接资本，乃至筹建、运营都是他们的服务范围，正因为每个老板娘都拥有不同的故事，所以每家民宿也都拥有着自己的个性。这可以算得上是旅宿行业最早的众筹模式，他们将这个项目命名为"老叶和 99 个老板娘"。该项目旗下发展民宿逾 20 余家，至今运营良好。

在尝试了为他人做嫁衣以后，叶泰山先生又做了一个勇敢的决定：创建一个自己的酒店品牌。这时候他又遇到了新的问题，囊中羞涩。虽说理想是丰满的，现实是骨感的，于他而言，短暂的现实骨感只是因为花费的心思与付诸的行动还不够，既然缺资本，那就去找资本，只要酒香，自然能吸引馋酒的客官。接下来的日子，他与伙伴废寝忘食地投入到市场调研、产品研发及品牌搭建中，他始终觉得，只有符合市场需求与逻辑的产品才能得到市场的认可。拿着厚厚的计划书，泰山团队充满了信心与干劲，接洽、谈判、演示、分析……短短 20 天，团队完成了 1500 万的融资，其中更有全球专业实体空间投资平台多彩投及本土酒店行业资深集团首旅集团的资本青睐。接着，强大的执行力让这个品牌在短短一年多的时间内已经初具规模，门店数量达到了 25 家，这个品牌便是旅宿人耳熟能详的心宿。

杭州桐庐雷迪森度假酒店·高尔夫球场

他不在江湖，可是江湖却一直有他的传说。在创业的时光里，还是不断有酒店集团向叶泰山抛出橄榄枝，起初的他并不动心，也从没动摇过创业的决心，但是离开浙江久了，他开始想念这片土地，他喜欢浙江的多元化，这里既有都市的繁华与时尚，又有江南的山河秀美。他拥有了更大的抱负，希望通过自己的努力，打破传统酒店在国人心中的刻板印象，中国人的酒店需要更多中式生活方式的注入，无论是商务酒店还是度假酒店。

彼时的雷迪森作为本土酒店品牌，已初具市场规模，酒店品牌涵盖了高端商务和高端度假，同时中端商务品牌刚刚起步，基于平台及理念契合，叶泰山选择了加入雷迪森旅业集团。综合现有品牌的市场占有率及未来品牌发展的方向，叶泰山做了两个决定：一是加大现有品牌的品牌标准执行力度；二是细分度假市场，打造度假市场拳头产品，提炼产品个性。随着中国经济的发展及市场的开放，酒店同类产品的竞争越来越激烈，为了挖掘更多的市场空间，就必须打造更具竞争力、更符合市场发展需求的产品，同时这个产品又需要遵循现有基因。在叶泰山的引领下，雷迪森拳头产品雷迪森庄园 2.0 完成了迭代升级，雷迪森庄园除了是一款度假酒店产品，更是中华文化的传播者，是中华民族“文化自信”发扬者的民族酒店品牌。雷迪森以国际酒店品牌标准为器，以源于中国西汉时期的千年庄园文化为魂，将酒店品牌的内涵演进与中国传统文化的承继发展相融合，成就了一个将品牌与文化融为一体的新生活方式酒店品牌，自此，雷迪森从 20 年的酒店经营时代正式迈入了文化经营的征程。

总裁也是生活家

无论是工作，还是生活，叶泰山都平易近人，他喜欢无所顾忌地与朋友调侃，认为这是一种十分放松的睿智交流，朋友间很多思想上闪亮的火花如此欢快而流畅地流泻碰撞，是一个惬意走心的过程。他喜欢不时找伙伴帮忙，伙伴的帮助总是让他感到一种新的冲击，彼此间做事的方式和模式大有不同，十分长见识；他喜欢给知己留一句言，发一帧图，虽多年不见，但只字片语却胜千言；他也喜欢和爱人家长里短、油盐酱醋，认为在最平淡的生活里相守就是告白。品茶为他所爱，喝酒亦为他所喜；人至欢处，手舞足蹈、走调高歌更是一种相见欢的共鸣。

尽管酒店行业总是与时间在追赶，叶泰山却始终觉得工作的疲惫需要通过生活的放松来释压，往往生活的点滴细微更会回报他以工作的启发。10 年来他始终坚持做一些事情，比如每月更新读书清单并至少看 2 本书，每周抽一个下午与儿子一同去打篮球，每周至少跑上 10 千米……他认为事业的成功离不开家人的支持，所以他也十分重视与家人相处的时光，似乎是一个默契的约定，他定期会带太太和孩子赴一场旅行，他们喜欢去到风景旖旎的山林湖海，也喜欢奔向时尚摩登的都市，前者是亲近自然的舒心自在，后者是繁华城市的时尚体验。

宁波东钱湖万金雷迪森度假酒店

走过了那么多的城市，他最喜欢的还是上海，他形容上海是一位穿着潮牌的文艺女青年，在国际化外衣的包裹下深藏多样的文化底蕴，她是性感的，更是感性的。他说，其实上海这座城市给了他很多打造酒店品牌的灵感，更确切地说是中国人自己的酒店品牌。上下五千年悠悠历史，中国人有太多故事要说，可往往是想说的很多，话到嘴边却只能无奈地开合一下嘴唇，想表达的字眼，一个都蹦不出。表达什么、怎么表达、表达的尺度该到哪里，这些都是问题。而“迎来送往”的酒店除了创造漂亮的营收报表外是可以肩负部分传播使命的，它接触着不同的群体，可以用国际化的视野去演绎中国的文化，令文化的表现变得不枯燥、不刻板，也更加容易被人所接受。

宁波东钱湖万金雷迪森度假酒店

本土酒店品牌的度假“野心”

曾有人戏谑地说过这样一句话，“外国人工作是为了度假，中国人度假是为了更好地工作”。虽是一句玩笑话，却能从中发现，中国人的度假文化起步晚于国外很多，国外已然将度假变成生活的一部分，很好地诠释了中国那句古话“人生苦短，及时行乐”，反观国内，大多数人只能将度假变成一种近乎奢侈的体验，这与国人的经济水平、消费习惯有着很大的关系。随着中国经济飞速发展，国际融合程度日益加深，国人

雷迪森庄园生活方式

宁波东钱湖万金雷迪森度假酒店

对待度假有了新的领悟与需求。在西式度假理念的影响下，中国的度假方式除了保留西式的放松、纯享、感受自然外，逐渐派生出了体验式元素，因为我们发现，国人心底里的文化自信被逐渐激发出来，我们开始渴望在最贴近文化发源地的地方体验、领悟先人给我们留下的文化瑰宝。

国人消费有个“坏习惯”，对性价比的偏好超出了其核心价值的考量，出于这种心理，我们往往愿意在同样的时间里去做更多的“打卡”，于是有了旅游业的那句大俗话（大实话）“上车睡觉，下车拍照”，宁可将美好的事物记录在手机里，也腾不出时间放进眼中，留到心底。所幸，时代越是浮躁，人心就越是渴望沉淀。这个世界千变万化，日新月异，脚步稍慢就会让人焦躁不安，国人无比渴望放缓脚步的同时又不被时代所抛弃，在这种矛盾心理的拉扯下，创造身与心的平衡显得难能可贵。

近两年，受到这种渴望沉淀的心态的影响，度假消费也有了新的形态。2017—2022 年中国度假酒店行业市场发展现状及投资前景预测报告表明，旅游度假业的地位日益凸显。从相关数据得出，2017 年中国国内旅游人数已经突破 50 亿人次，中国酒店客人比例将从商务 75%、休闲 25% 演变为商务与休闲各占 50%。同时，受到旅游政策的支持和国人出游习惯转变的影响，相信度假类产品将迎来新的发展契机。

“中国人越来越向往过自己的生活了，这里的“自己的生活”不是个体的独立，而是找寻到华夏文脉，是一种文化的自信。”叶泰山如是说。对于未来度假品类的发展，他也有着独到的见解。他认为，塑造有特色、有差异的度假酒店品牌是必然趋势。度假类酒店要形成自己的品牌特色才能抢占细分市场，而雷迪森的拳头产品雷迪森庄园便是以在地文化为核心理念，充分发挥了项目所在地的区位优势，构建出一种独一无二的以文脉为特色的项目魅力。因为本身的文化差异以及对在地文化的深入研究，这类项目是很难进行复制和批量生产的。与此同时，在文化的加持下，酒店的配套产品、风格调性都会得到大幅度的提升。

“消费结构的变化实际上是消费群体结构的变化所导致的，”叶泰山表示，“迎合新一代的口味是我们一直在努力的方向和时刻在校准的依据。”未来 3 年，一方面要继续加大度假品牌的深耕发展，严格把控每个项目的调性输出；另一方面，商务品牌要更加聚焦新时代年轻人的消费喜好，进行产品迭代，同时重点打造城市度假理念的商务产品，在努力迎合消费需求的同时，也尝试去引导消费趋势。

“相信美好，就一定能遇见美好”。这是叶泰山先生的人生信条，他始终认为雕琢酒店品牌需要一份匠心，需要心怀美好，需要时刻对中华文明保持一颗敬畏之心，他坚信，美好定会如期而至。

莫干山久祺雷迪森庄园

隐居酒店 Seclusive Hotel
GOLDEN VALLEY

上海隐居酒店有限公司总裁。上海财经大学硕士研究生学历，英国萨里大学 MBA。曾经历了从大学老师到投行家、从国企高管到创业者的多种不同身份的转变。2018 年，张斌先生创建的上海尊瑞酒店公司与浙江隐居集团合并重组为上海隐居酒店有限公司，新成立的上海隐居为“隐居”品牌迎来生机，经过近两年的打造、拓展，目前隐居品牌已成为目前国内休闲度假酒店的行业标杆。

张斌

上海隐居集团 | 总裁

创业激情源自心中的情怀和梦想

有人说，时光是穿梭机，能窥透人的心灵；岁月是一本书，越来越显得厚重。我们从张斌的眼中能看出他的热情，他的坚定，他的自信。成功源于坚持，源于一颗改变世界的心，相信隐居会越做越好，越做越大，越来越强，让隐居的愿景与使命传遍大江南北，让爱美之心走向世界。这就是张斌和他所率领的隐居团队的梦想和追求！

人生的第一个转折：从大学老师到投行家的转变

1982 年，张斌从安徽农村考入上海财经大学，本科毕业后以优异的成绩被学校直接推荐，继续攻读硕士学位，之后留校任教，从事金融和经济学研究方面的教学工作，张斌在研究生学习阶段就在《财经研究》等国家级权威刊物上发表过研究性学术论文。张斌早期的梦想是教书育人，做一个学者，做一个经济学教授。然而理论知识如何转化为现实实践一直是其思考的课题。

20 世纪 90 年代初掀起的改革开放热潮，象牙塔里的张斌再也按捺不住心中召唤，离开稳定的高校，进入当时的万国证券公司的创始团队。在万国证券公司的 5 年时间里，张斌成长很快，万国证券公司也发展成中国最大的证券公司，被誉为“中国证券王国”。1995 年因为“3·27”国债期货事件，万国证券公司被当时的申银证券公司重组合并，于是张斌带着自己的团队来到华夏证券公司，筹建华夏证券公司上海总部，并担任投资银行总经理，他在这家公司工作到 2000 年。

投行工作的这10年对张斌的社会阅历、经验的增长影响巨大，收入颇丰。那时候尽管很多人的工资寥寥，但张斌已经步入了高薪的行列，完成了个人财富积累的第一桶金，初步实现了个人及家庭的财富自由。然而做投行的张斌，每天都奔波在路上，没有时间学习。尽管他经历了本科4年，研究生3年，还当过3年大学老师，有超过10年的专业知识的积累，但在投行工作的10年让他有一种被掏空的感觉。所以他要让自己静下心来，重新去学习。2000年，开完华夏证券公司的年终总结会以后，张斌向董事长提出离开公司的申请，他要离开这个行业，去周游世界，去学习充电。离开华夏证券公司后，张斌在英国待了两年，一边读了MBA，另一边背包行走英国。他最早对国外民宿的了解体验就是从英国开始的。

人生的第二个转折：从投行家到酒店人的转变

回国以后，由于一个偶然的机会，张斌进入锦江之星，成为锦江国企的一名高管。就职锦江的故事也挺特别的，由于张斌在投行干了10年，当时回国后是以投资者的身份与锦江旗下的锦江之星打交道的，当时锦江之星正致力于发展经济型连锁酒店，急需人才的加入。张斌了解之后觉得这个行业市场前景非常好，这项事业也非常具有挑战性，于是就索性加入了锦江之星的创始团队，一做就是整整12年。

隐居・无锡隐居桃源馆藏温泉度假酒店

张斌在锦江之星主要负责投资和发展，他充分利用多年从事投行的人脉和经验，同时努力学习酒店的连锁运营与管理，迅速转向一个全新的行业，并很快成为这方面的佼佼者。在与创始团队成员的共同努力下，经过 3 年时间将当时仅有十几家酒店的锦江之星扩展到 300 家，到第四年扩展到 500 家。张斌离开的时候，锦江之星这个品牌已拥有 1500 家酒店，再加上收购的品牌，总共已有 6000 多家酒店。

人生的第三个转折：从国企高管到酒店创业人的转变

国企高管的职位福利好，待遇也高，按理此时的张斌已是功成名就，但他内心不愿意重复过往，始终怀有新的梦想追求。用他自己的话来讲："我这个人不喜欢按部就班，不愿意重复过往，也可以说是比较喜欢折腾吧。"作为锦江之星的品牌创始人之一，又是国企高管，在旁人眼中可谓安稳和惬意。然而在 2016 年 2 月，张斌在过了 50 岁生日后不久，毅然提交辞职报告离开了锦江。

创业对于张斌来说既是一种挑战，更是一种内心的召唤。从事酒店行业 12 年，亲身经历了锦江之星从几家发展到 2000 多家，从一家小型公司发展到大型上市公司的全过程，张斌还是毅然决然地将自己清零，重新开始，再出发。原因有两个：其一是因为他感觉目前的工作已经到达一定的高度，对他自己来说已经没有什么挑战性了；其二是他感觉社会在发展，人们的生活水平在提高，大家对住宿的要求在经历了连锁化、标准化阶段之后，更讲究个性化与特色化，因此他想做一些新的探索。

虽然他这时已经 50 岁了，但他认为至少还有 10 年时间做自己内心真正喜欢、真正认可，有创造性，能实现自身价值的事情。这个决定包含了创业的激情，他的内心始终存在着一个梦想——做自己想做的事情。

隐居品牌的打造和拓展

张斌的梦想是创建一个具有个性化特色的酒店集团，打造一个具有相当影响力的酒店品牌。第一年他创立了自己的品牌，形成了自己的创业模式。之后与投资人一起与浙江隐居集团合并重组，创立了上海隐居酒店公司，并于 2018 年 12 月正式发布，当时的企业口号是"新隐居、新征途"。

上海隐居融合了张斌及其团队的创业情怀、在连锁酒店行业所积累的丰富经验以及隐居的度假酒店品牌优势。张斌在接手上海隐居后立即开始重新梳理公司的业务和财务模式，重建品牌架构，先后推出城市度假酒店品牌和乡村度假酒店品牌，两年之内完成了从城市到景区目的地，再到乡村度假的全面布局。自此，隐居品牌正式步入上海隐居的张斌时代。新"隐居"致力于打造中国领先的连锁度假酒店品牌，经过两年的快速扩张，上海隐居已经成为中国度假酒店的一个重要标杆企业，张斌和他的上海隐居正在推动着整个中国度假产业的转型升级。

新“隐居”成立后，通过三条主线进行调整、整合与建设

1. 公司的文化建设

文化建设是公司发展的灵魂和凝聚力所在。公司成立伊始，除了投入大量精力进行人员、项目、财务等方面的整合外，张斌还十分注重公司的文化建设，组织团队成员反复讨论酝酿，形成了具有上海隐居特色的公司愿景、使命、价值观，要求每一名员工牢记在心，并贯彻落实到自己的日常工作中。公司的愿景是成为中国休闲度假酒店行业第一品牌，使命是创造愉悦，价值观是真诚有礼，自律自在，爱人、爱美、爱世界。不同于传统酒店的愿景、使命、价值观，隐居除了对自身的消费客群有了更多的认识外，还对隐居自身产品有了清晰的认知——注重顾客的体验性。

创造愉悦的内容，不仅仅是在视觉上体现愉悦性，还要体现价值性。价值性体现在前期的市场定位：是否区别于其他的产品，建造是否更人性化，功能配比是否更适合于隐居的客群，运营是否更贴合市场，未来的营销方式是否能够满足这部分客群的需求。所以创造愉悦是指可以全方位满足客群对于愉悦的需求，这是每个隐居人都需要牢记在心的。

隐居人要以身作则，成为美的践行者、传播者，从而开创酒店行业的新模式，改变人们的出行方式，更好地满足人们对于美好生活的追求。

2. 隐居品牌的再创造

何为度假酒店？酒店业对此的定义为：度假酒店是以接待休闲度假游客为主，为休闲度假游客提供住宿、餐饮、娱乐与游乐等多种服务功能的酒店，通常坐落在风景名胜地区(如海滨、著名山庄、温泉附近)，其“娱乐与游乐”成为吸引客人的主要内容。国内外著名的度假酒店品牌包括悦榕庄、安缦、阿丽拉、Club Med 等。

那么，隐居怎么从这些品牌之中脱颖而出，成为国内度假酒店的第一品牌呢？在上海隐居的官网上，有这样一段话：“上海隐居，是‘引领与缔造一个平行于现实世界之外的隐居世界，这里温暖、静谧、美丽、自由，令人心驰神往且充满幸福感’，是‘遁入一个富足精神世界与充盈物质世界的平衡空间’。”上海隐居的品牌特点，从中可窥见一斑：打造注重隐私、追求精神文化世界、有较高品质的小型度假酒店。

最初的隐居品牌主要围绕目的地度假进行，影响力有限。在张斌看来，每个度假酒店都应该有个性、情怀、文化和设计感，光有情怀是不够的。如何在个性化服务与标准化管理之间找到平衡？这是一个问题，因此，张斌说：“我们需要一种破坏性的创新。”这是在一些失败经营案例中得到的经验教训。

张斌接手新“隐居”后着力从原先的目的地度假进一步拓展，形成了城市度假、

隐居·扬州隐居瘦西湖温泉度假酒店

景区目的地度假及乡村度假三种不同层次的品牌路线。第一类是繁华系列，主打高端路线的城市度假酒店，例如隐居武康公馆，地处上海繁华地段，既具有欧洲建筑的特色，又融合了海派风情。与此同时，在城市度假品牌打造上已经形成了“前季”“夜泊”“漫亭”三个品牌。

（1）走过四季，还是“前季”。在浅层的都市生活中，发觉一缕因为城市加速度坍缩的怀旧情愫，将在地文化中的美学因子与沉浸式的深邃体验解构重组，创造全景度假时光里重返天真的动因。前季酒店围绕纯真、怀旧、海派的个性关键词，展开城市生活方式空间的搭建。将在地元素融入酒店设计，符合中产阶层的设计审美：不张扬但富有品位。丰富的酒店共享空间，多功能的空间用途，绿植、气味、音乐等元素的嵌入，在充满怀旧气息的空间场景里，完成舒适静谧的酒店沉浸式体验。

（2）“夜泊”是中国人的泊宿美学，骨子里的归属感。“夜泊”作为新中式生活文化的传播者，将当代中国“雅蓄于心，自在于形”的全新生活方式和态度融入现代人的生活方式中。生活需要一点仪式感，“夜泊”结合中国以茶待客的文化，让待客成为一种艺术，以“家文化”和“匠心精神”为内核，打造身心安顿的温暖之所，让城市喧嚣到“夜泊”而止。

（3）城市度假，遇见“漫亭”。“漫亭”是一种随性淡雅的健康生活态度，主张温暖、有趣的生活方式，平衡工作与生活的灵感，寻求情感的共鸣，通过创新、设计 、文化、艺术、商业重构等一系列活动，重新创造空间与人的生活方式。而“漫亭”2.0 产品的全新升级、灵动设计将让空间拥有更多可能性，融入科技智能特色，用质感唤醒灵感，用艺术灵感创造优雅生活。

第二类是隐居目的地酒店，主打景区的度假酒店，如隐居苏州拙政园店、隐居

隐居・芹川古村乡宿

瘦西湖度假酒店等。隐居苏州拙政园店坐落在平江路上，团队在旁边重建了一个戏台，每周六邀请苏州昆剧院的老师来现场教学授课，完全对客人开放。平时每月定期举办画展、艺术展，可以说隐居苏州拙政园店不再是一座酒店，而是一个艺术馆。再如隐居瘦西湖度假酒店，团队吸取北海道温泉开发的成功经验，在瘦西湖沿岸的每间房间都修建了一个温泉，吸引了不少客人。无锡的隐居桃源馆藏店的后方有 3000 亩水蜜桃园，团队跟当地管委会商谈后决定将这 3000 亩水蜜桃专供给隐居的客人，“所以它开花的时候我们就盯着，一直到结果，我们就摘下来包装好专供给我们的会员”。

第三类是隐居乡宿，则是深入乡村，打造古村落里的度假民宿，如乡宿・芹川古村落、乡宿・松阳杨家堂等。根据地域的不同，上海隐居一直以“度假”为酒店特色，从城市到景区，再到乡村去铺展自己的业务。

“对现有酒店进行升级改造，把我们的内容加进去，把我们的平台加进去，引入我们的会员，这就是未来我们重点的发展模式。”这是做了十几年酒店行业的张斌确定的上海隐居未来的发展规划。他认为，让一座酒店有温度，就是要给客人提供丰富的、独特的内容和服务，同时赋予酒店在地化人文价值。

除此之外，在酒店的定位上需要注重两个方面：第一，风景优美，山清水秀，空气好，气候宜人；第二，有一定的历史和文化的积淀。自然风景优美、有历史文化积淀的地方更适合隐居。所以，每个隐居都要有自己所在地特色的酒店硬件和软件设计，需要思考如何让当地的历史文化资源在设计建造的过程当中充分体现出来，实现在地文化的鲜活展示。此外，需要紧紧依靠新媒体、自媒体多路径推广隐居品牌，不断扩大市场的影响力和占有量。

3. 隐居业务模式重构

旧“隐居”的运营模式存在不少问题，造成人浮于事、经济效益低下，财务状况困难等情况。因此，新“隐居”成立后，张斌先生大刀阔斧予以重新调整改变，从以直营店重资产为主转化为以品牌加盟和运营管理为主的轻资产运营模式；从以单个门店运营为主转化为以品牌和系统运营为主；从单纯依赖客房收入转为同时兼顾餐饮、卖品、活动、异业合作等复合型模式。经过这一系列的调整重构，目前这一新的业务模式已初见成效，提高了公司运营的收益、激发了员工的工作积极性和创造性。

学者的底蕴、做投行的理性与人脉，再加上锦江之星的专业管理能力，这些都对张斌创立的新“隐居”起到了非常大的作用。首先，从资本的层面来看，隐居酒店的发展和运营是朝着未来上市的目标来打造的，有着 10 年投行经历的张斌非常了解公司上市的外在条件和内在要求；其次，受到 12 年专业连锁酒店运营管理的熏陶，张斌对度假酒店项目的运营管理胸有成竹，因为酒店的每一步发展他都经历过，一个拥有几十家酒店的公司要怎么做，拥有上百家酒店的公司要怎么做，都有着丰富的实战经验。最后，度假酒店、民宿、连锁化、平台化是未来的发展方向，也是他的强项，既有现实的考量和运作，又有未来的前瞻和勾画。在张斌的带领下，对于新“隐居”品牌打造已进入正轨，并在广度和深度上不断拓展。

隐居・无锡桃源馆藏温泉度假酒店

新冠肺炎疫情下的危机与挑战

2020 年初，突如其来的新冠肺炎疫情不仅打乱了人们的生活节奏，也深刻影响到了各个领域和行业，尤其是旅游、酒店、餐饮受到了重创。面临新冠肺炎疫情的打击，张斌先生带头停薪，指挥团队在财务、物资、人员、防疫等方面迅速作出应对，上下同心，克服了重重困难，终于渡过难关，重新恢复运营。进入暑期，隐居迎来了一波报复性消费，在整个酒店行业萎靡的状态下，隐居逆势而行，显示出张斌率领下的隐居团队所具有的市场应对能力和内在的品质潜力。

这次新冠肺炎疫情，是人类遇到的一个大灾难，从政治生态到经济领域，从国家格局到全球格局都会发生一些根本性的改变，从小的方面来说，对于生活习惯、生活态度的改变也是颠覆性的，中国人习惯的聚集方式（如喝酒、打牌、餐饮等）都会发生变化。新冠肺炎疫情尤其改变了酒店业投资供给的关系，对酒店经济的打击是破坏性的，新增市场将更谨慎，竞争会转移到存量市场上来。

从投资的角度来说，首先，市场上钱少了，有钱的人也谨慎了；其次，对于酒店的回报预期要降低。从消费的趋势来分析，回归理性消费，从豪华消费、高端消费再到中端消费，一层层往下压，高端消费可能会往中端消费转移，但中端消费回不到经济型消费，过去低端的经济酒店仍旧没有市场。从消费者角度来看，有些节省型消费者，新冠肺炎疫情过后，他们的消费观念可能会有一定变化，或许会想着应该珍惜时间，对自己好一点，让自己的生活更有品质。这些不同角度的思考深刻影响着今后酒店行业应该往哪个方向发展，如何发展。

张斌对此提出了自己的见解：“从‘隐居’的创建到重组我们走过了非常艰苦的岁月，在逐步走向坦途的路上又遇到了新冠肺炎疫情，接踵而来的挑战让我们对于未来酒店行业的发展前景有了更多的审视与思考。政治层面上，国家的发展格局、全球治理的格局都会发生一些根本性的改变。经济层面上，经济会发生剧烈波动，如证券市场、股票市场、期货市场、原油市场等都会出现一些剧烈波动。剧烈的波动之后，整个经济会迎来一种新生。有可能一些老的业态、老的做法会被淘汰，新的业态、新的做法会迎刃而上。因为经济会继续发展下去，旧的事物会被新的事物所替代。”

新冠肺炎疫情后酒店行业的未来发展方向，即使是经济型酒店也应该具有一定的品质和品牌，而不只是简单地作为供人休息的地方。过去那种经济型酒店会慢慢地被淘汰、转化、升级。经济型

隐居・画乡院落度假酒店

隐居・繁华武康路公馆

隐居·西昌邛海

酒店不仅价格应与生活水平相符，不能太高，同时也应该具有一定的品质、服务和温度。对于中端酒店，未来必将走向个性化、品牌化，有自己的品牌标准，必须用品牌说话。中端品牌要更清晰，个性更加鲜明，产品更有特色，更有文化和人文的因素。这个层次的社群和消费群体，他们在意的不仅是基本的品质，更是情感上的连接，这也是隐居未来追求的方向。中国酒店行业最后竞争的战场就是高端市场。在中国的高端酒店品牌中，目前大量的国外豪华酒店品牌会逐渐淡出，由本土品牌取代。未来，会有几个民族高端酒店品牌崛起，逐步打破国际大品牌对于国内高端酒店市场的垄断，而高端酒店的装修风格也会回归简约，回归到中式或者日式风格，更符合中国人的消费习惯。

引领度假酒店新航标

度假酒店行业目前还处在一个初期的发展阶段，市场相对来说比较混乱，存量度假酒店市场虽说规模已经非常庞大，但缺乏规范化运作，缺乏系统整合，原有度假酒店无法满足市场快速成长和变化的需求。我们可以在市场上看到一些度假酒店品牌以及一些民宿品牌，但或多或少存在一些问题。首先，运营模式尚未确立，或者说尚未成熟，大家都在摸着石头过河，在这种情况下，度假酒店品牌很难迎来大规模的发展。其次，财务模型也还未成熟，在发展模式的建立上还存在模糊区域，造成度假型酒店无法规模化发展。

未来度假方式更日常化、常规化、常态化，更个性化，就算是下了班找个酒店，也要能有一种度假的感觉。未来年轻人的度假方式是多种多样的，这是整个度假行业发展的一个大的机遇。未来的度假酒店会越来越多地跟日常生活和一些个性化的场景产生联系，这是整个度假行业把度假酒店的边界拓展出去的机会，酒店可以借着这个机会，把度假产品的布局做得更全面一些、层次做得更丰富一些。所以纵观整个度假酒店市场，目前还没有一家公司及品牌在行业内有突出表现，市场依旧是以大量的单体酒店为主。在中国城市经历了经济型酒店及中档酒店的发展周期后，城市连锁化酒店已经取得了喜人的成效，但度假型酒店还在酝酿成长阶段。张斌敏锐地意识到休闲度假将是中国

隐居·景德艺术酒店

酒店业发展的下一个风口，而隐居酒店正处在这样的一个风口上，希望未来隐居能够引领中国度假酒店市场的发展，从而成为中国度假酒店的第一品牌，成为中国度假酒店的行业标杆。

酒店都应该有个性。每一个酒店就像一个活着的人，应该有自己的内涵，没有内涵就没有灵魂、没有内容，所以每一个酒店都应该有自己的特色。虽然隐居也是连锁酒店，但跟普通的连锁酒店不一样，普通的连锁酒店是高度标准化的，连设计形式、色彩搭配、功能布局、房间大小都是一样的，没到酒店之前你就知道它是什么样的。但隐居的连锁化酒店则不一样，每个酒店都有设计感，都会让你感到新奇。隐居每个酒店对外展现的文化特色是不一样的，但是内在的管理都是一样的，使用统一的管理标准、控制标准、订房标准和会员标准。前台是个性化的，后台是标准化的，看不见的是统一的，看得见的是个性化的。隐居的每个酒店都是有灵魂、有内涵的。

目前全国已经开业的隐居酒店已有近 40 家，签约门店达到 70 多家，未来三年将发展到 300 家以上的规模，希望成为中国度假酒店第一品牌。隐居有这个信心、也有这个能力去完成自己的使命，开创度假酒店一个新的行业标准。隐居，不管未来是继续生根做度假目的地板块，还是做 2020 年新推出的城市度假酒店板块，都离不开“度假”这两个字，这是隐居所有产品的立身之本，在这两个字的基础之上，希望一起努力从个性化、连锁化、平台化的管理中探索出一条新路。从隐居的品牌开始，重新定义中国度假酒店行业，定义中国中端以上的城市度假酒店行业。

从中国目前的政策导向来看，文旅产业将迎来大发展，近两年，中央密集出台扶持文旅发展及乡村旅游发展的相关文件，从中央到各省份都在大力宣传以及出台政策支持文旅产业，隐居将与政府紧密配合，争取更多的合作，成为中国文旅产业的方案解决者，从而成为文旅民宿度假酒店行业的紧密参与者。

城市需要乡村绿色、生态的食品，乡村也需要城市新鲜、时尚的元素。如何将城市与乡村度假更好地对接？未来酒店行业融合的一个方向，就是度假酒店要向城市化发展，城市酒店的运营管理要借鉴度假酒店的经验，那么如何融合？这一切亟需大量优秀、年轻的专业人才，人才的培养同样需要投入和关注。

花筑 · 西塘 2046 设计酒店

中国饭店协会副会长，中国饭店协会文旅（民宿）委员会主席、旅悦集团CEO，去哪儿网前总裁。

张强

旅悦集团 | CEO

见心，见行，见未来

旅游目的地布局品牌的门店网络只是第一步，最终我们要做的是整合旅游目的地市场资源，实现传统酒店的单房收入向每客收入的转变，也为游客提供千人千面的一站式服务。酒店网络的布局是我们从现在到未来走的路径，而围绕每个客户探索非客房收入的可能性则是从未来到未来的路径。旅悦希望可以把酒店门店从终点变为起点，让门店成为线下的另外一个入口，在用户端也做一个闭环，打破门店收益天花板。

工作管理

对工作的态度和状态，我认为要保持平衡，长期成长，人才始终是旅悦最宝贵的产品。

在旅悦，即使你是刚入职的实习生，你掌握的信息也不亚于公司的高层员工。我们努力把每个人都当成公司最重要的人来对待，这种方式很扁平、很垂直。你无法控制每个人做的事，唯一能做的就是树立他们良好的价值观。工作是劳动所产出的价值和你从中得到回报的组合。工作的基础是你劳动所产出的价值，你需要清晰地理解这个价值是如何产生和被衡量的，了解你所在岗位的预期是什么，在此基础上你要努力满足、超出预期，获得良好评估。

从工作中得到的回报会让人持续性工作，回报要虚实结合。它有外在的部分，例如职称名誉、财务回报等；也有内在的部分，如成就感、兴趣、爱好，以及你对某种事业的执着热情。外在的回报有它重要的实际效益，但它往往是阶段性的短期驱动力。相反，内在的回报因素长期更重要，它是持久的满足感和长期驱动力的来源。

对于大部分人来讲，当前工作只是人生职业生涯中的一个阶段。职业生涯的进程是一个长期过程，它并不是笔直的。举一个例子，如搭公车，我们很少坐一班公车就能到达一个遥远的目的地。你需要关注的是当前的这班车是否能让你离目的地更近，让你能更好地搭上下一班车。

最为关键的还是成长，是指从现有的工作中通过努力和学习来快速提高自己的能力和口碑，它是唯一你能从一份工作带到下一份工作的个人资产。你能否度过一段充实而有价值的职业生涯，很大程度上取决于你是否能保持稳定和高效的长期成长。

我常说“借假修真”，做销售一定要有激情，以正能量对待每一件事，业绩都是逼自己做出来的。大方向上面，我决心把热情和精力花在那些“能让人们所知更多、所做更多”的事情上。学习和交流能力在早期是非常重要的，提高这两个关键技能是为了更好地抓住未来可能出现的机会。跳出自己的“舒适圈”，学会拥抱变化。从管好自己到带好团队。勤陪访（帮助下属冲业绩）、勤检查（苛求过程，释怀结果）、勤评估（检查技能水平并增强）、勤对话（开好 4 个会）、勤复盘（定期复盘，复制好的结果）、勤预测（做可以让明天更好的事情）。制定一套制度，在框架内行走，想清楚“为什么”比“做什么”更重要。要发掘团队里每个人的原动力，让每个人做适合自己的事情，让每个人都大声说话，让自己的风格影响一批人。

我的第一个客户是个“上门女婿”，一开始他对我的合作想法是表示拒绝的。刚好那个时候我的手里也没有其他有意向的客户。于是，我决定专门“盯”他，每天跟在他的后面，希望他能跟我合作。一开始，他对我的“穷追不舍”表现得十分抗拒，甚至为此跟我吵了一架，并让门卫拒绝我进入他们的厂区。当时，我十分气馁，但想着自己已经付出这么多了，就一定要把他签下来。既然门卫不让进，我就翻墙进去找他。或许是我的“坚韧不拔”打动了他，最后他抱着试一试的态度准备跟我签单。可在签单的时候，他的老婆又表示不同意了，俩人甚至动起手来。当时我立即就过去拉架，最终拳头都落在了我的身上。后来我想着既然人家夫妻俩因为签单闹出这么大的意见，我就打算放弃了，没想到那时他反倒是坚持和我签了合同。

这就是我在阿里铁军的职业生涯中的第一份合同。至今我都非常感激他，同时也非常感谢当时拼命的自己。如果在当时的任何一个时刻我放弃了，就再也没有后来的故事，更没有今天能够创办旅悦的我。

花筑奢·丽江古城沁湖轩湖景花园客栈

我记得有一次去拜访一个城乡接合部的工厂，工厂里面养了很多鹅。我被一只鹅咬了屁股，以致我现在见到鹅都心有余悸，躲得远远的。但也正是有了这些“不堪回首”的经历，让我在后来无论遇到多难的事都能扛得住，都不觉得特别苦。

让勤奋不断地“燃烧”，相信自己的潜能，给自己设立一个高目标并全情投入其中。一开始你可能会觉得目标高不可攀、难以实现，但是一旦你倾入精力、拼命奋斗，你会发现沉睡在我们身上的巨大潜能也会跟着迸发出来，所谓的“不可能”也只是懒惰的托词。

成功没有捷径，更不会“一跃千里”，直接到达顶点。想成为顶级销售，就只能一步一步、一天一天踏实努力地积累。

从我真正进入销售这个行业开始，我就深刻认识到客户数量对销售业绩的决定作用，所以我每天早出晚归地去跑客户，去积累客户资源，扩大客户数量，天天如此。很多时候，我都是跑着去见客户，因为你的同行也在努力，你不仅要和同行竞争客户，你还要跟同行竞争时间。

1000个客户资源和100个客户资源，两者绝对不只是数字上的差异这么简单，重要的是两者的结果会大有不同。那专业水平、客户质量、服务水平重不重要？当然重要。但客户数量只是这些要素发挥作用的前提或基础，尽可能地扩大客户数量才是王道。

对于管理销售队伍，最深刻的感悟是：管理十几二十人的队伍，只要足够勤奋、肯付出，就能够让队伍成长起来；管理三四十人的队伍，就要制定一套制度，“在框架内行走”；管理一百多人的队伍，就应该知道这些人的长板和短板，帮助大家扬长避短，让每个人都能做适合自己的事，把人的潜能发挥到极致；管理一两千人的队伍，那么重心就不要放在结果或过程上，而是放在人的身上；管理两三千人的队伍，就要有理念和梦想，并怀揣着二者去做事情；等到管理更多人的时候，你可能已经是一个事业部总经理或者一家公司的总经理，这时投资人、老板、朋友、同事和下属会提出很多自己的看法，你要非常有逻辑地分析每一个环节，定策略、建资源、拿结果，最后告诉他们：“我才是对的。”

作为团队领导者，你必须学会发掘团队里每个人的原动力，让每个人能都得到真正意义上的发展，让每个人在工作和生活中都感到开心，这才是一个管理者最大的幸福。

让别人去成功，让别人过得比现在更好，让别人不断成长，我觉得这是特别有乐趣的事情。管理者最重要的工作不是做报表、盯团队、做业绩，而是给下属做榜样，让自己的风格可以影响到一批人。很多企业会考核业绩，会着重于制定下一步要完成的目标，而我则把 50% 的精力都放在了对下属的培养上。把每个细节都拆分，最终的结果就会特别好。

花筑奢 · 武夷山茶隐山房民宿

花筑奢·北京云上35栋别墅酒店

花筑奢·宁海九熹胡陈粮仓

花筑奢·阳朔躬行社温泉度假酒店

这里我想强调一下拥抱变化的重要性，因为变化是挑战，也是机会，尤其对年轻人而言。在所有的变化中，黑天鹅事件对人类历史的影响更大。我们面临新冠肺炎疫情所带来的百年未有的全球性影响，这样的突变会奠定一个未来的新世界。年轻人，尤其是刚刚踏入社会的大学毕业生，他们对这种突发事件的反应在很大程度上决定了突变后的新世界。正如人类历史的长河不可阻挡地永远向前一样，今天的年轻人会响应时代的召唤，拥抱变化，担当责任，抓住机会。即使面对"至暗时刻"，我们也要主动出击，获得更高的市场份额。

生活管理

年轻人应该对真正热爱的事情怀有赤子之心。我奉行一个原则，叫作"弹性原则"。着手一件事情时，我第一时间一定会思考：这件事情不做会有什么影响？能不能不做？最晚什么时候需要做完？我能否把它移交给别人？能否简化掉任何部分？我需要做到什么程度为止，60分、80分，还是100分？在这种情况下我会先对手上所有的事情做一个整体的检视，再挑出那些不得不做的部分，给它们安排一个大致的时间范围。这就是"全景思维"，一定不要着眼于每一件任务，而是不断地把视角在"整体"和"局部"之间来回转移，先对自己做一个大致规划，做到心里有数，再集中精力去处理那些"不得不做"的事。

我一直以来都坚持把销售工作70%的时间用来开发新客户，因为我深刻地认识到只有尽可能多地积累客户资源，才能提高自己的销售业绩。花在开发新客户上的70%的时间，我又会按照"二七一"法则进行细分。其中20%的时间用来搜索客户信息并做好分类，70%的时间用来预约和拜访客户，10%的时间用来总结、反思。我会提前一天就确定好自己第二天要去拜访哪些客户，并按照客户的重要性和情况的紧急性进行排序。一般来说，客户越重要，越要提早与其约定拜访时间，并以他们的实际情况为准。

当然一天内计划拜访的客户不可能全都是重要客户，如果我今天要拜访10位客户，那么其中重要的客户不会超过3位。但这3位可能会需要我花费70%的时间去拜访，只有妥善地处理好重要客户，你才能更好地分配接下来的时间。也就是说，在开发新客户的这个时间段里，要把更多的时间花在有可能向成熟客户转变的客户身上。

要实现工作和生活的平衡，首先要做自己喜欢的事情。我很幸运，我喜欢我的工作，工作就是我的爱好，我热爱我所在的行业。如果晚上回到家需要我再继续工作一段时间，我也不介意。对于我来说，这就是我实现工作和生活平衡的关键。尽量做到把工作和生活分开，尽可能地参与到重要的生活场景中，比如跟家人一起吃晚餐等。身体是革命的本钱，运动也是我生活、工作中非常重要的环节。在 20 多年的职业生涯中，我一直坚持锻炼。面对极大压力时，眼光容易变窄，只见树木不见森林，这时就需要退后一步。如果某段时间内有太多工作，我会去打球，借此清空大脑，重新恢复活力，也更容易找到应对问题的思路。

在当前复杂环境下，创业者应该提高两个核心能力：想得更明白，做得更有效。从两个维度把握好机会：判断与决策、执行与建设。如何想得更明白？起点是要确定创业创新的体系结构，了解哪些是不变的。创业创新的三大要素：首先是技术，技术永远是创新最永久、最强大的驱动力；其次是需求，光有技术没有用，必须有明确、长期且大规模的需求，才是创新真正落地的基础；最后是要有市场环境，有盈利的能力，只有这样，一个好的创业项目才能长期发展。如何做得更有效？要抓住不变的游戏规则。创业者本质上是用技术打造产品，用产品满足市场需求，不断地快速迭代。其中，创业者自身的素质是做得更有效的第一要素。

我在去哪儿网工作时，常把酒店分为 S、A、B、C、D5 个类别。其中 S 是单词“super”的缩写，是超级级别、最高级别的意思。S 之下再用 A、B、C、D 来表示级别的高低，即 S>A>B>C>D。我要求所有的客户经理在拜访客户时，把自己 70% 的时间花在新客户的开发上，尤其是 S、A、B 三类客户的开发；把 20% 的时间花在对 C 和 D 类客户的维护上；再将剩下的 10% 的时间用来签单。我的很多同事，包括我本人，都是这么践行的，所以我们每一天都很有动力，工作上也能做出成绩。因此，为了不瞎忙活，我们需要有目标、有规划、有方法地展开工作，并严格地按照规定执行每一个层级客户的拜访要求和标准。

旅悦一直致力于打造更友好、更注重工作与生活平衡的环境。“大声说话”一直是旅悦的价值观之一，信息通畅的公司更具备人才吸引力。人们越来越多地关注这样的问题：工作环境能让我感到舒服吗？我能拥有选择权吗？我与公司能开展沟通吗？我在这家公司是否要牺牲很多个人抱负？我一直思考如何通过信息手段，让旅悦搭建出更理想的工作场所、如何更好地联系员工、如何更好地与员工进行沟通。建立“情场”，承载更大的梦想。我们会时刻关注员工的成长，牵挂员工的喜怒哀乐，如果遇到职场危机，让员工首先想到的不是离开，而是与我们一起同舟共济，克服困难。作为管理者，不要将团队化场景看作没有情感的职场，而是要学会建立一个有温度的情场，一对一深入沟通，真心帮助，用心呵护他们。

由此，旅悦大学应运而生，塑造和传承铁军的“军魂”，以项目制管理，自成闭环。企业和团队之间的竞争，实际上是人才与人才之间的竞争，这一点在销售团队中体现得尤为明显。一支高效的销售团队能创造的业绩，跟一般销售队伍创造的业绩之间的差距不是一点点，而是几倍甚至几十倍之差。所以我们创办了旅悦大学，希望能够通过它塑造和传承铁军的军魂，用人才驱动团队和企业的发展。旅悦大学并非简单的培训部门，而是一个系统化的企业教育体系。它跟公司的人力资源部处于同一个等级。我坚信，比起一般的培训，这种教育模式更能塑造员工，为员工带去更多的价值。

未来思考

新冠肺炎疫情对整个世界经济格局的影响是巨大的，黑天鹅事件对历史进程的影响非常大，整个人类历史基本上都是由小概率、高效率的事件改变的，因为黑天鹅事件可以改变两种现状：一是可以短时间内改变人的旧的习惯，养成新的习惯；二是可以在短时间里让社会、让人类接受新的观念，比如现在金融业很多重要的规则都是经过 2008 年的金融危机后制定的。由此，我们看到一些重要的加速机会。第一，对新冠肺炎疫

花筑奢 · 苏州玉空间人文客栈

情爆发的防备能力将驱动核心科学技术的发展。在面对这样一个看不见的敌人时，拼的是科学技术的能力。第二，数字化的能力，特别是数字化物理空间、数字化城市，可以在保护隐私的情况下快速地追踪、发现危险情况，在发生危险的时候，能够快速地做好局部管理。这两者能力的总和，是未来任何一个国家防御下一次瘟疫爆发的必要准备。在商业上，会有很多机会加速数字化的进程，特别是这次看到的线上的核心服务。这一切是我们现在已经能够看到的，对数字化、对科学发展和创新起到加速作用的推动器。同时我们要引以为戒，因为人类面临的不光是新冠肺炎疫情的威胁，还有一个非常重要的威胁是全球变暖。

比起大环境，在当下，我建议年轻的创业者在这个非常时期把重点放在公司的生存上，理顺公司的现金流是确保公司得以存续的唯一方式。危机总会过去，企业还须专注于产品。真正差异化的产品，可以让企业在风雨过后以更强的姿态出现在市场中。看到大势所趋，就要大胆行动。如果你先于大趋势而动，取得成功的概率就会大大增加。包括互联网、人工智能、物联网在内的数字化技术正在改造着中国服务业和制造业的方方面面，而在新冠肺炎疫情的背景下，这些转型的过程会进一步加快。

旅悦一直致力于打造最值得信赖的目的地旅游服务品牌。中国旅游市场规模增速高于全球，行业增长主要靠国内旅游驱动，通过大数据分析统计 + 专业算法，用“数据魔方”全方位诊断分级；通过“北斗系统”，实现标准化系统管控及评分体系，大幅加强中台管理效率；基于大数据诊断分级，配套“六脉神剑”，解决方案快速提升盈利表现。

新格局下机会依旧非常多，但需要大家判断好方向和时机。首先，任何一个创新创业的机会永远是三个方向判断的交集：技术的趋势、市场的趋势和产品需求趋势。其次，做好进出决策，分析 C 端时有两个长期结构和原则：一是马斯洛的需求层次理论；二是最近几年在业界越来越重要的一个认知——用户永远不会满足。而在 B 端，有一个长期结构和原则：任何一个企业都需要降低成本和提高产出，这是它们永远的刚需。再次，找到市场和活下去，打造强劲的生存能力，想清楚，只有想清楚才能沟通好，只有沟通好才能融到资，只有想清楚才能造血，特别是在艰巨的情况下，想办法造血是非常核心的。最后，企业建设，打造能胜任的团队组织，任何一个企业不光要打造产品，还要打造好“团队”这个产品。

随着技术的普及和发展，人才的提高，好的创业想法越来越多，基于这些想法的发明也越来越多，技术开发和产品开发也做得越来越好、越来越快。但是，市场切入还是一样地陷入瓶颈，因为每个用户、每个客户的时间有限，因此这个瓶颈越来越难突破。唯一可以提高成功率的，只有加速迭代，尽可能用最低的时间代价、最低的资本代价，来找到市场反馈，这是非常核心的。不断地解决问题，不断地系统化降低试错成本，同时建立产品的基础，用户的活跃度、黏性、满意度、复购率等。还要跑通模式，在 C 端跑通增长模式，B 端跑通销售模式等，通过不断地快速迭代提高成功率。

在此感谢为本书联合编著的
二十三位行业领导者们在百忙之中慷慨参与
允许本书收录及分享他们的成长经历

我们同样对所有为本书默默贡献的
全球文旅住宿大产业博览会组委会成员
及本书的采编负责人陈优
致以谢意